一個魔法師的個人回憶錄

故事多

U0073265

隆·麥羅·杜奎特
Lon Milo Duquette

LOW MAGICK

It's All In Your Head ... You Just Have No Idea How Big Your Head

獻言

這本收集種種記憶、洞見與羞事的小書，

吾謹以愛

獻給週一晚間魔法課程在過去、現在及未來的學員

真理並不存在，有的只是故事而已。

——印地安人尊尼族（Zuni）的諺語

目錄

目錄

誌謝

作者想要表揚及感謝以下眾人，永遠珍惜他們多年來持續的鼓勵與支持：Constance Jean DuQuette、Jean-Paul DuQuette、Marc E. DuQuette、Judith Hawkins-Tillirson、Rick Potter、Donald Weiser、Betty Lundsted、Kat Sanborn、Patricia Baker、Chance Gardner、Vanese Mc Neil、David P. Wilson、Jonathan Taylor、Dr. Art Rosengarten、George Noory、Poke Runyon、James Wasserman、Rodney Orpheus、Robert Anton Wilson、Robert Larson、Brenda Knight、Sharon Sanders、Michael Miller、Michael Kerber、Jan Johnson、Brad Olsen、Janet Berres、Charles D. Harris、Michael Strader、Phyllis Seckler、Grady McMurtry、Israel Regardie、Helen Parsons Smith、Alan R. Miller, Ph.D.、Clive Harper、William Breeze、John Bonner 以及 Stephen King。作者還要特別感謝 Elysia Gallo 與 Llewellyn Worldwide Ltd 的優秀團隊，他們使這次企劃成為令人十分享受的經驗。

序言

多少故事

對於自己的故事，我總是不曉得要相信多少。

——華盛頓．歐文（Washington Irving）

就溝通形式而言，最為神聖者是靜默，再來就是故事。故事是活的，故事是神聖的，故事就是眾神，它們創造出眾多宇宙，以及存於其內的許多生物及人物。在心智當中，故事能使想像與經驗栩栩如生地呈現一切勝利與悲劇。故事直接與我們的靈魂對話。

故事就是魔法。

在開始人生的第七個十年時，我發現，若與研究文獻或反思論據相較，自己變得更加偏愛傾聽故事，也比較不認為自己是來教導課程或提供建議，而是傾向講述故事。也許這是因為年歲漸增，就有更多故事可說，而經驗與智慧會為我們所記得的長篇記憶增添深度、質地與觀點。

無論如何，處在這樣的人生階段，我發現若要切中本書主題，除了講述敝人的個人經驗之外，別無他法。雖然這些個人故事沒按時間順序編排，並不表示敝人沒把藏在裡面的大量理論與技術資料整理出來。說實在的，我相信這本書藏在字裡行間的魔法「如何進行」(how-to-ness)已經足以使積極進取的魔法師忙上一段時間。然而唯有揭露魔法師個人生命當中的魔法「為何如此進行」(how-why-ness)——以及某些時候的「為何不如此進行」(how-why not-ness)——這樣的故事才能達到傳達及教導的功效。

不過，講故事會有特定的劣勢，其中最嚴重者即記憶是主觀且脆弱的事物。傷痛、悔恨、丟臉、羞愧、幻想、一廂情願以及經典的自我欺騙，都會在我們回憶過往的時候持續威脅其準確度，所以絕對的客觀是不可能的。不過，魔法師並不像不去審視人生的凡人，他們有撰寫日記的責任，而裡面也許會提及那些已記在個人魔法日誌的特定事件。我在這本書的準備期間，非常仰賴自己當時潦草寫下的文字——敝人跟你保證，這真是讓人感到強烈羞愧的折磨。

此外，在講述故事的過程，還得要考慮到可能涉及這故事的其他個體的感受與隱私，不論死活都應如此。這些年來，我有幸能夠遇見一些多采多姿且非常優秀的人物並一起共事，他們大多不是我們的魔法次文化圈會認得的人，但我敢說其中有幾個人應會被認出來。所以我在這裡要跟大家坦白講，本書某些特定部分裡面的名字有經過更改，或在撰述方面作出調整，以使特定人物仍能繼續保持幸福的匿名生活。

我衷心希望你們會享受敝人的這一小本回憶錄，這是當然的。不過敝人也知道自己不可能滿足每個讀者的喜好與期待。也許這本書不符你的期望、也許你會因為這作品並不是敝人撰寫的另一本教科書、也沒有運用比較學術的角度闡述一些偉大的魔法系統或哲學信條而感到失望。如果真是如此，敝人希望你能不去計較我沒有為此道歉的打算，那是因為敝人相信藉由這本小書，我向你分享的是能夠帶來更多啟悟的強大禮物——那就是故事。我希望你能如實接受它們，並從它們裡面找出屬於你自己的真理，就像印地安尊尼族賢者所言：「真理並不存在，有的只是故事而已。」

第零章

讓我們先來談談恐懼

一講到惡魔，它就出現了。

——義大利諺語

就魔法師而言，與其被惡魔無視，不如被它附身。

——教士拉梅得．本柯立孚德（RABBI LAMED BEN CLIFFORD）

不幸的是（至少就我看來是這樣），每個把這本書拿起來仔細翻閱的人不一定到最後會買這本書。此外，每個把這本書買回家的人，其實也不一定會把它從第一頁讀到最後一頁。所以呢，假使這裡的開場白就是你在這本書唯一讀到的文字，那麼我就得馬上善盡相聚的短暫片刻，使用放大的字體向你分享魔法——還有人生——最最重要的祕密：

不要害怕！

就這樣。如果你趕時間的話，把書放下來也沒關係，請無所畏懼迎向自己的人生吧。請別誤會我的意思。謹慎是好事、明智是好事，你的所有行動與行為都經過評估與考量是好事，然而恐懼是毒藥，會毒化你的魔法修習以及你的人生。要知道我並不是站在正義與勇氣的大理石講台來說這些話，剛好相反，這些話是我用自己的低劣懦弱性格所捲成的厚紙板大聲公喊出來的。

我在開始自己的實修魔法師生活時，看起來就像害怕每個事物。我在反覆練習最先學到的五芒星及六芒星儀式時十分迷信地監控一切事物，從自己的心跳到性慾都不放過。我想像自己的眼角有瞄到東西，並在個人日記寫下最為稀奇古怪的推測。

我現在了解到自己對於夜裡發出怪聲的事物之恐懼，絕大多數都來自位於童年時期最深之處的宗教制約。講白一點，就是當時的我仍然有意無意地被自己的基督信仰教義給洗腦——依然困在某個充滿敵意、總是迴盪著憤怒之神的雷霆詛咒、使小孩害怕而遵守規矩的宇宙中（所以小孩就會長大成為服從、懼神的「成年」小孩）。那時的我所受到的制約，是來自那些依據恐懼、自我憎恨的有害經文所製作的影片與文獻。現在回頭審視自己的過往日記時，就會覺得它們看起來很蠢與情緒化：

第一次施展火之五芒星祈請大儀（Greater Invoking Pentagram Ritual of Fire）。同一天較晚時候，鞋帶斷了一根，還有胃食道逆流。

或者

把火星護符放在自己的枕頭下睡覺——夢見自己父親的屍體被海馬吃掉——醒來時還伴隨勃起。

還好我早期那幾年有一位學識、經驗、能力俱足的魔法導師[1]，那時的她還沒把她自己對於「低階魔法」的恐懼投射到我身上[2]，且會無情奚落我那些幼稚的恐懼，而我那像是因著強烈好奇心以及對於科學感到驚奇而全心投入研究的科學家之態度，就是她幫助我發展出來的。還記得在電影《侏儸紀公園》（Jurassic Park）裡面，蘿拉．鄧恩

1. 在成為魔法學徒的最初幾年，我有幸能正式接受菲莉絲．賽克勒．麥克慕爾垂（Phyllis Seckler McMurtry）的指導進行研究。她又名索珥．梅若（Soror Meral），是「東方聖殿騎士會」（OTO）的九級（IX°）會員。

2. 參見第一章。

（Laura Dern）飾演的角色嗎？她會捲起衣袖、把手插入恐龍的巨大糞便，以求找出那隻可憐動物之所以肚子疼的可能線索——嗯～魔法師有時得要面對比那樣還要糟糕的心理及靈界挑戰，然而應付這些挑戰的關鍵，就是跟那角色同樣無懼、果斷的超然態度，還有一股對於覺悟的堅定熱情。

我最近有收到一位魔法師的來信，她認為自己的魔法修習造成心情起伏不定以及其他的健康問題。以下是我給她回信的部分摘錄，希望你看完有覺得受到鼓勵。

親愛的某某某：

關於心情起伏不定及健康問題對上自身魔法修習一事，最好的做法通常是把它們歸因於身體化學機制正常會有的搞怪狀況以及二十一世紀的都市生活壓力。感冒或罹患流感大多不是由魔法操作的反作用力造成。即便那真的是自己操作魔法所造成的負面反應，妳對於此事的懷疑與恐懼，也只是在同意妳所恐懼的靈性存在以妳的不安全感為食，並且鼓勵它繼續這樣做（或許還會變本加厲）。當妳的心思全在想到底這個痛或那個燒是不是某個惡魔在給自己找麻煩時，等於妳自願賦予那惡魔造成妳這個痛或那個燒的力量——說實在的，那不就變成惡魔召喚妳來給它力量了！

請盡力記住，自己應會撐過自己的所有魔法操作（也許除了最後一次之外），還有使討厭的惡魔無從使勁的最佳方法，莫過於無視它的可怕。請記得《平衡之書》（Liber Librae）所寫的這句話：「在你的本我面前謙卑自己，然無懼於人或靈。恐懼就是失敗，它是失敗的前驅；而勇氣則是德行的開始[3]。」

---

3. Aleister Crowley, *Liber Libræ Sub Figura XXX, The Book of the Balance and Magick, Liber ABA, Book Four*. Second revised edition, ed. Hymenaeus Beta（York Beach, ME: Weiser Books, Inc., 1997）, 668. *Liber Libræ* 一詞係取自金色黎明會（Golden Dawn）的文章〈論靈魂的一般指引與淨化〉（*On the General Guidance and Purification of the Soul*）。

第一章

低階魔法的信條與儀式

如果有去透徹了解這世界，
你會看到它是良善的，
是跟著巧妙的節拍而跳的舞蹈。

——阿列斯特．克勞利[1]

我得承認，本章標題是刻意輕戳那位偉大的十九世紀奧祕主義家埃利法斯．列維（Éliphas Lévi）及其經典著作《高階魔法的信條與信念》（The Dogma & Rituals of High Magic[2]）。看到這種無足輕重的小小假裝，請別就此認定我有打算把自己的作品與列維的不朽著作並列。說實在的，它們的差異就像日與夜——或者我應該說「高」與「低」呢？（有看到我很會轉話題吧。）

在一開始，我個人覺得的確有必要先來

表明我在提及「高階魔法」（high magick）與「低階魔法」（low magick）兩個名稱時的意思。坦白說，我對這兩個名稱越來越感到非常不舒服。就我看來，它們被人們誤解、誤引、誤用、誤傳及誤釋的程度完全一樣。

有些儀式魔法師（ceremonial magician）用「高階魔法」來稱呼他們的技藝，高傲地認為自己有別於巫術（witchcraft）的「低階魔法」。反過來說，有些巫者（witch）及新異教徒（neopagan）則是用這詞彙來譏諷儀式魔法師及其同類，把他們貼上自負傲慢的標籤。實修卡巴拉神祕家則是認為自己的研究係唯一真正高階魔法，所以他們會用這些術語將自己與儀式魔法師及巫者劃清界線。

還有一些人僅是將低階魔法定義為以自然為根基的一切操作（也就是戶外魔法outdoor magick），以相對於儀式魔法（也就是室內魔法 indoor magick），即金色黎明會

---

1. 在成為魔法學徒的最初幾年，我有幸能正式接受菲莉絲・賽克勒・麥克慕爾垂（Phyllis Seckler McMurtry）的指導進行研究。她又名索珥・梅若（Soror Meral），是「東方聖殿騎士會」（OTO）的九級（IX°）會員。
2. 埃利法斯・列維（Éliphas Lévi, 1810-1875），筆名為阿爾馮斯・路易斯・康斯坦特（Alphonse Louis Constant），其著作《高階魔法的信條與信念》（*Dogme et rituel de la haute magie*）係於一八五四年首次出版。該書最近期的出版係以《超驗魔法》（*Transcendental Magic*）為名，並由 A. E. Waite 進行翻譯（York Beach, ME: Weiser Books, 2001）。

（Golden Dawn）[3]或阿列斯特．克勞利（Aleister Crowley）[4]的正式儀式。因此，雙方都能依此圓滑解釋「低階」與「高階」的中立含意，因為這兩個詞變成只是在區分性質與應用方式而已，而在靈性方面吸引不同的人格與喜好。因此相較之下，使用這解釋的高階魔法師與低階魔法師會比較願意待在各自領域裡面操作對應的魔法種類。

然而，許多人在定義魔法的高與低時，完全不是描述在會所聖殿或戶外林間的操作之間的差異。這些人認為，「高階魔法」係指藉由援引神及「良善」的大天使、天使、智性與精靈之神聖階級的協助，以引發個人周遭環境的改變之正式操作過程；而「低階魔法」則係指藉由援引魔王（或眾魔王）、墮天使、地獄邪靈與惡魔之協助，以引發同樣改變之正式操作過程。

明顯的是，為了要嚴謹思索此類看法所具有的好處，當事者得先要認真採用某種非常特定（有人也許會說「嚴苛」）的觀點，即基督信仰（Christian）、伊斯蘭教（Moslem）或猶太教（Jewish）的經典及文獻所支持（或爭論無休）的靈性實相觀點。為求方便，我擬出一個新詞以統稱這些以聖經為本的信仰，它就是：

「基伊猶」（Chrislemew）[5]。

這些經文的常見詮釋之一，則是假設處在天堂的絕對「善」神所統領的軍隊，與處在地獄的絕對「惡」魔所統帥的部屬一直打著永無止盡的戰爭，而人類被卡在中間。然而因著只有上帝才知道的理由，惡魔與其團隊被指派負責地上的人類生命。更甚的是，根據這類理論，上帝把誘惑、折磨人類個體的任務特別指派給惡魔執行，持續戳弄我們去反抗各種古怪到難以理解的誡命，還有反對上天下達的種種規矩、無理信仰及盲從行為——亦即盲目相信自己若恪遵這套信仰的話，「也許[6]」就能掙得死後前往天堂的門票，與神及良善天使們一起過著永遠幸福的日子。

---

3. 金色黎明會（the Order of Golden Dawn）係於一八八八年創立，算是十九世紀晚期及二十世紀早期最具影響力的魔法社團。阿列斯特·克勞利於一八九八年加入該會，迅速催化某些事件而導致該會崩解。金色黎明會的基本等級架構成為克勞利自己的魔法團體銀星會（A∴A∴）的模式。

4. 同前註。

5. 請參考敝人另一著作《新千禧年的天使、魔鬼與神祇》（Angels, Demons & Gods of the New Millennium, York Beach, ME: Samuel Weiser, 1997），第156頁。

6. 不幸的是，那些出生時未得「恩惠」的人，光是生前的正確信仰或良善行為仍不足以讓自己免受永恆地獄的可怕火焰。真是抱歉啊。（譯註：這裡應指聖奧古斯丁（Saint Augustine）的嚴格「原罪論」、「救恩論」及「預定論」等觀點。）

這種眼光窄淺且高度分化的觀點，使得對於每件事物的判斷都變得非常簡單。上帝是好的，惡魔是不好的；天使是好的，魔鬼是不好；跟天堂有關的事物是「高」上的，跟地獄有關的事物是「低」下的。所以對於套用基伊猶世界觀的人們來說，到底要走高階或是低階魔法的選擇，真的是簡單到不用思考。畢竟，如果能夠安全地尋求天上全能之神及生氣蓬勃、行為端正的良善天使之援助，只要是頭腦正常的人，應該都不會想去跟危險、狡詐又邪惡的地獄惡魔們打交道吧？

於是那些「高階」魔法師以其靈性的虔誠，趾高氣昂地鄙視「低階」魔法師，認為這些低階魔法師為了達成邪惡目的，自願向邪靈獻出被神所棄的個人靈魂以換取短暫行使下流勾當——像是傷害敵人、詛咒鄰居的乳牛或跟某個不情願的對象上床——的力量。

即使到了現在，世上仍有許多人（魔法師及非魔法師都有）仍然非常相信上述劇碼就是人間唯一的靈性行動策略。當然，他們怎麼想是他們的權利，畢竟對於我們許多人來說，這種神與魔、天堂與地獄、天使與魔鬼的道德劇碼是熟悉的事物，因它形成那反倒讓人可以接受的「先賢之信」（faith of our fathers）之基礎。*

我當然不想冒犯任何人的真誠靈性信仰（而且我敢發誓自己的確有一些基伊猶的摯友！）然而我得要誠實表述。我不相信世上存在著擬人化的全善之神，也同樣不相信擬人化的全惡之魔的存在。我不相信這世上存在著天堂以獎勵個人的正確行為，也同樣不相信用來懲罰個人不信之地獄的存在。其實，我認為這整個觀點裡面有著非常危險、容易造成悲劇的嚴重錯誤或靈性方面的毒害，而這樣的謬誤使西方世界的心靈病了千年之久；它是原始且迷信的心智幻象、是用恐懼與自我厭惡的病毒來感染人類靈魂的惡夢，那是像癌一樣的詛咒，要求每個男人、女人與小孩都得要臣服在那個漫天大謊之下，亦即要求我們相信自己的人性使自己在憤怒之神的眼中變得不潔，且應被打入地獄。

我拒絕接受這種對於基伊猶經文世界觀的過度字面詮釋，但這會使我變成無神論者嗎？對於那些過度執著於教義的人們來說，也許就是如此，然而就我來看是不會的[7]。我非常熱切地相信（事實上是「崇拜」）這世上存在著某個至高無上的意識，它是一切已具現與未具現存在的究極源頭。我相信你、我及其他存在個體都是至高無上意識的

7. 我不會是無神論者，畢竟敝人是美生會會員（Freemason）呢！
＊譯註：請參閱《新約聖經》〈希伯來書〉第11章。

組成部分。我個人的道德觀（如果你堅持要這麼講的話）係源自敝人以下的信念，即這個超級存在的究極本質是超驗的「善」（transcendently Good）——這樣的善，我們永遠無法用自己的語言來定義，也無法用自己的大腦來了解；這樣的善，其無限如此全面，沒有事物能外於它，甚至連「沒有」（nothing）也在它裡面。

這個偉大的善、至高無上存在的善（Goodness），沒有與之對立的事物，如果要指稱它的話，得要用能夠想得到最為龐大的英文大寫字母「G」來表示，所以我稱它為：

「大G。」（Great G）

（好吧，我又掰出新詞了。那個……你就習慣一下吧，因為這個詞到後面會用到很多遍呢！）

這個大G吞掉二元性的概念，使所有那些小到有可能產生對立事物的概念——像是黑暗與光明的概念，像是神小到、無能到「在祂之外」有個討厭的惡魔可以到處亂竄、惹事生非之概念，還有善就是行善、行高尚之事，惡就是作惡、作卑劣之事的概念——完全失效。

也許我們祖先的頭腦還沒發展到足以掌握至高無上存在的大善之概念，畢竟在編造出基伊猶及其原初階段之經文的時候，人類的心智尚未擴展，也還沒被重力、光速、地球的自轉或繞太陽的公轉、黑洞或時空本質等等概念塞滿。我們在那時候的心智，也許還無法專注在完全不是由賞與罰的原始恐懼動機所產生的實相。也許當時的確如此——但現在已經不再如此！

經過將近四十年的魔法研究與修習，我得到的結論是，魔法就是魔法。它是靈性技藝的一種形式，我們藉此技藝聚集那源自無上智性、無上意識的自然中性力量並加以指揮。只要予以適當的狀況、適當的技藝，魔法可以有創造或毀滅、利益或損害的應用。魔法並沒有正邪或高低之分，只有魔法師才會造成這樣的分別。

無論魔法師自認自己有多麼虔信與正直、無論其動機看似多麼無私、無論他在謀取神的眷顧及天使的服務時所唸的祈請禱詞有多麼準確流暢，只要魔法師還沒掌握前述的整體觀念，還未達致厚實的成熟靈性、穩定心智及純真內心，那麼他就還沒有能力分辨相對的惡與相對的善。就像槍手在黑暗中拿起強大的武器盲目開火那樣，幼稚、迷信的魔法師，無法準確擊中目標或判斷某項魔法操作是否符合自己的最佳利益。相反地，如果魔法師與大G有著緊密的連結，就不會有因為太過邪惡、太過墮落、太過骯髒而無法得到救贖、無法徵召來服務魔法偉業（the Great Work）的惡魔、天使與魔鬼。

所以，我得要在敝人這本小書的開始，承認原文書名用「低階魔法」（Low Magic）一詞其實是滑稽、淘氣的掩飾。其實，我用「低階魔法」是以刻意挖苦的語氣來描述接下來要講的魔法操作，但請別以為敝人只是為了要蠢而用這個詞。

許多年以前，當我還是幼稚的年輕魔法師時，曾經為了挽救家庭、照顧妻兒以及給予自己足以繼續魔法偉業的穩定情緒，而想要大幅扭轉自己的窮困與混亂的人生境遇，因此鋌而走險地召喚歐若博司（Orobas），那是《召魔書》（the Goetia）[8]裡面的惡魔之一。就我當時毫無經驗的幼稚心智來說，這就是黑魔法的操作——亦即與那位惡魔相見——而且我還要違抗師意而行。事實上，當我跟她說自己已絕望到決意進行那整套操作時，她斷然禁止我做。當我問她是否有進行過這類操作時，她說：「當然沒有！那是低階魔法。」

出於魔法方面的不服從心態，我還是做了。我知道自己得這麼做，而且得要成功，因為我的人生若在那時候失敗的話，後果不堪設想。當時的我如此恐懼與笨拙，而整個魔法操作幾乎馬上變成錯中有錯的恐怖痛苦劇碼，它完全不像魔法儀式，反倒像是工業事故加上精神崩潰的組合。而這儀式的高潮，則是與貨真價實的惡魔進行生死攸關的對抗與掙扎，而這個該為我的悲慘境遇負起責任的真正惡魔——就是我自己。

這整個瘋狂的過程，看似從我內在拖出自己最糟糕的部分——我最糟糕的恐懼、我個性中最差勁的面向、我最嚴重的不安全感及愧疚感、罪惡感。我當時並不知道事情會如此發生，然而那完全就是應該要發生的過程，那才是所羅門王的魔法真正要進行的事情。我裡面最糟糕的部分就是我的問題，我裡面最差勁的部分就是那個惡魔。在我總算醒悟到自己已成功召喚那個惡魔，並且已將自己最糟糕的部分困在那個魔法三角（Triangle）裡面的時候，我除了駕馭那股怪力、使其改向以進行新指令之外，沒有別的辦法。於是從那時起，那位惡魔會為我工作，而不是與我對抗。

其中細節就不一一贅述[9]，簡單地說，當我結束那段笨拙的低階魔法操作之後，馬上發生一個戲劇化事件而推動後續一連串的事情，於是所有我要求歐若博司實現的事

---

8. 即「係由某個死不掉的陰魂翻譯成英語版本，而身兼該書編輯、審稿、引介、註釋的睿智阿列斯特・克勞利還用各式各樣的歡樂事物加以裝飾的《所羅門王的召喚惡魔之書》（The Book of the Goetia of Solomon the King）」。最近的版本含有 M. L. Breton 繪製的精靈版畫及 Hymenaeus Beta 所著的序言（York Beach, ME: Samuel Weiser, 1996）。它原是《所羅門小鑰》（The Lesser Key of Solomon，又名 Lemegeton）的第一冊，後經麥克葛瑞格・馬瑟斯（S. L. MacGregor Mathers，也就是上面整個稱謂裡面的「死不掉的陰魂」）譯自大英圖書館斯隆抄本（British Library Sloane Manuscripts）第 2731 號與第 3648 號而有此書。

9. 我在敝人其他幾本著作有比較詳細描述這件事情，特別是《與靈相伴的一生》（*My Life with the Spirits*, York Beach, ME: Red Wheel/Weiser, 1999）。

情都在非常短的時間之內全部完成。然而這當中的真正魔法，並不是某個惡魔屈從魔法師的意志而給予的魔法回饋，而是魔法師救贖自身本性的惡魔，使它變得「更好」所帶來的奇蹟。在這場人生慘敗過去之後，我已經成為不一樣的人，亦即成為一個能夠挽救家庭、照顧妻兒的人，並在往後數日、數月以至數年，都有剛好夠用的穩定情緒以繼續魔法偉業。

我在本章的第一句話，稱埃利法斯·列維為「偉大的十九世紀奧祕主義家（esotericist）」。我不用魔法師（magician）稱呼他。即使大家都用「現代高階魔法之父」來稱讚埃利法斯·列維，他仍然不是實修的魔法師。他是聰明的學者、聖人、教師及魔法哲學家，然而除了承認自己因好奇而進行過一場徹底失敗的死靈術實驗之外，他並沒有實踐魔法。

我「有」實踐魔法。事實上，我現在將自己的整個生活，無論是睡是醒，看做是一場持續進行的魔法操作。因此，高貴的讀者啊，我會在這本書裡面講述的故事，全是關於我真的「做過」而不是只有讀過、「完成過」而不是只有討論過、「經驗過」而不是只有空想過、「執行過」而不僅沉思過的魔法操作——而我則會深情無悔地稱之為「低階魔法」。

第二章

所羅門王的方程式

所以祈求祢將善解之心賜予祢的僕人，以判斷祢的人民並明辨是非。

——〈列王紀上〉3：19[1]

你也許會覺得奇怪，既然我不太接受《聖經》的史實性及絕大多數基伊猶的靈性實相觀點，但居然會花時間向神禱告、喚出精靈、召出惡魔並與天使們深入交流。請別誤會，我的確相信眾神、大天使、天使、精靈與惡魔的魔法實相，甚至會為特定目的，而在一些魔法操作中完全接受（雖然只是暫時而已）天堂（內有高等智性的天使）與地獄（內有危險的惡魔軍團）的概念，事實上，由於我確實有跟這些個體以特定的方式共事，所以它們對於我的真實性會遠遠超過一般基伊猶——

他們只會把這些概念塞到大腦的某個角落，也就是專門用來存放幻想宗教概念的地方。

如同你們馬上就會看到，本書裡面的幾篇故事係在講述我在所羅門魔法或惡魔召喚（Goetia）方面的經驗。惡魔召喚通常會被汙名化，成為低階魔法最惹人注意的例子。現在務請了解，《召魔書》[2]裡面雖有七十二個靈性存在及相應傳統召喚方式，但我沒打算拿它的改寫作品或冗長再版來壓榨你的腦袋。（如果你真的需要這類資訊，市面上已有多到不行的相關書籍。）我反倒希望，藉由簡單的故事與圖示，使你能夠逐漸熟悉這類魔法的動力學，亦即它有時有效、有時沒效的原因。此外，我還希望你讀完這本小書之後，會對這類魔法操作背後的崇高靈性方程式有著清楚許多的認識，亦即若予

---

1. The Holy Bible from Ancient Eastern Manuscripts, George M. Lamsa, trans.（Philadelphia: A. J. Holman Company, 1967）, 378.
2. 即「係由某個死不掉的陰魂翻譯成英語版本，而身兼該書編輯、審稿、引介、註釋的睿智阿列斯特・克勞利還用各式各樣的歡樂事物加以裝飾的《所羅門王的召喚惡魔之書》（The Book of the Goetia of Solomon the King）」。最近的版本含有M. L. Breton 繪製的精靈版畫及Hymenaeus Beta 所著的序言（York Beach, ME: Samuel Weiser, 1996）。它原是《所羅門小鑰》（The Lesser Key of Solomon，又名Lemegeton）的第一冊，後經麥克葛瑞格・馬瑟斯（S. L. MacGregor Mathers，也就是上面整個稱謂裡面的「死不掉的陰魂」）譯自大英圖書館斯隆抄本（British Library Sloane Manuscripts）第2731 號與第3648 號而有此書。

以適當應用的話，這方程式將應許堅毅勇敢的魔法師在個人健康、喜樂與明悟方面擁有長足的進步。

所羅門魔法的方程式很簡單，即運用所羅門王這號人物當成理想的魔法師之神話原型。所羅門王的許多故事與傳統，並不是來自《聖經》，而是其他資訊來源。關於所羅門王及他那偉大聖殿如何興建的故事，是美生會（Freemasonry）所傳的神話當中的重要部分，但《聖經》沒有這篇故事。《可蘭經》（Koran）、《塔木德經》（Talmud）及衣索比亞經典裡面也有這位偉大魔法之王多采多姿的故事，由於他與上帝的特別關係以及自身對於魔法的精通，他能與動物說話、用魔毯在天上飛、展現各種事工與奇蹟，其中包括他能徵募惡魔與邪靈的勞力來建造上帝的偉大聖殿。

現代魔法師並不需要在意聖經的所羅門王是否有可能從未存在於現實歷史，因為進行此類魔法的「方程式」所使用的面向或已然成形的概念，並非源自歷史或宗教，而是神話及那些依附所羅門之名的傳統。而那則具有魔法色彩的神話大概長這個樣子：

當所羅門當上國王時，他的第一個任務就是建造一間值得讓真實活著的至高神（the True and Living God Most High）之存在來居住的聖殿，這是他的父親大衛一直做不到的事情。在開始這項計畫之前，所羅門暫停手邊工作，仔細思索一切，而他的睿智結論就是，若沒有神之智性的祝福與引導，自己就無法進行如此重要的任務。因此，所羅門在祈禱中，不要求資金、建材或外包廠商，而是向神請求賜予「善解之心」（understanding heart）。

這樣的請求真是超酷的！而神對此相當感動，所以賜予所羅門他所要求的事物，以及其他一切讓此事可以開始進行的事物，包括如何以魔法召喚世間邪靈（還有轉移它們本來的惡作劇傾向），並役使它們為善人工作及協助建造那間偉大聖殿。

這種靈性世界觀表面上看似跟我們在前章討論的基伊猶經典差異甚大，唯一相同的地方大概就是神在我們的上面、惡魔在我們的下面而已。事實上，所羅門魔法的整個格式看起來就像高階魔法與低階魔法的不和諧混合物，而解開此矛盾的關鍵，就在這位名為所羅門的人物身上。

所羅門象徵著新的人類，亦即能從對於神及我們在宇宙中的位置之舊有觀點跳脫出來的人類個體，其意識已經擴展到超越那個束縛在「善」神與「惡」魔的宇宙，這樣的人所掌握的無上意識概念如此絕對，使得宇宙的所有力量與權能——即便是那些在其他人的眼中是邪惡與破壞的存在——都會被徵用來服務大G的善。

在這份對於萬物的神聖計畫的新了解當中，真正的「所羅門」知道自己的位置。真正的所羅門會是天堂與地獄兩者的正式公民。事實上，全能的大G會鼓勵真正的所羅門召出惡魔並役使它們進行「善」事呢！

覺得困惑嗎？不需如此，你只不過剛知道魔法的基本祕密之一而已，如果你能擺脫基伊猶的舊式觀點，那麼就已經在成為真正的所羅門的道路上。就讓我用比較不浪漫的術語來做解釋吧。

存在的本質就是意識。我們是具有意識的存在個體，而我們每一個人都是那塊整體意識玉米捲餅裡面的一部分餡料。就我們一般使用的意識層次而言，有著許多意識層次（以及實相）在它之上，也有許多意識層次在它之下。如同瑜伽行者、祕法家與大師級次魔法師的實證，我們能在冥想或其他特殊狀況下連結到更高的意識層次。在這種經過改變的意識狀態中，我們不僅「了解」無上意識的一，還「成為」無上意識的一。說到底，這種超驗狀態才是我們真正、自然的存在狀態、是我們的真實自己、是我們的真正身分。它就是當我們完成那趟假裝自己不知怎地與無上意識分開的冒險之後會去住的「天堂」。而我們向更高意識的揚昇，就是所羅門對神的祈禱——所羅門將會「上升」（going up）而與神同在。

不過，由於我們絕大多數都還沒玩完那場認為自己是分別獨立個體的冒險夢境，所以只能在那些提升狀態暫留，不一會就下降到處在中間的混亂理性心智世界，而該世界係由位於意識層級最低處之物質及能量的「地獄」（infernal）世界所支持——盲目（意即未受控制、未經引導）的自然力量在那裡恣意釋放自己的狂野能量而形成猛烈的閃光，並沿著我們的靈魂裡面阻力最小的道路與溝渠到處流竄。若就我們認為自己是夾在中間的狹隘世界觀來看，這些盲目的力量看似具有破壞性以及邪惡，然而，當它們被某個能與最高意識層次對焦的智性徵用時，就會被轉變成具有建造力量的有序團隊，是盡力操勞使勁、完成這宇宙中所有粗重勞動的忠實雇工。這就是建造神之聖殿的惡魔，即所羅門從地獄「提上來」（draw up）的惡魔，使它們能依照他那經過啟發的有序指示進行工作。

就魔法師來看，大天使、天使、精靈、智性與惡魔，只不過是用於分別宇宙的所有自然力量及能量之階級的各種比喻。這就是所羅門的祕密，一旦我們真的把這祕密用力敲進我們的腦袋裡面，我們將會認出自己在這宇宙當中也有著獨特的位置。處於「上」與「下」之間的我們，在積極操作的過程中必定要「連」結那在我們之上的意識層級之力量並「承」其賦權，而使我們能夠連結、掌握並命令那些在我們之下的意識層級之力量。

就魔法師而言，所羅門方程式的能量流動總是往上走的。魔法師的意識提升到連上神聖意識的程度（從人間上至天堂），以對焦神聖的完美；而惡魔則被要求往上提升（從地獄上至人間），以接受魔法師的管控與指示。就惡魔來看，魔法師就是神，所以只要魔法師跟他的「上面」有著確實的連結，那麼惡魔與魔法師的連結也會如此。

這類低階魔法之所以有此惡名，係因我們太常聽到某些魔法師因違背這項往上流動的簡單方程式，而在其人生及精神狀態呈現出可怕的後果。精確地說，我所講的案例，係指靈體在魔法操作中說服魔法師訂立某種交易，亦即用於交換服務的某種報償，那也許是禮物或獻祭——「我會帶給你一枚美麗閃亮的錢幣……但是你得要殺了教皇！」你可以問任何所羅門魔法師，他們應該都會跟你說，靈體會企圖從你這裡榨取的第一項事物，就是敲定某種交易或是對於你原本要求的事物做出某種代償。而這也是你應當最不考慮的作法。

但平心而論，依照這個可憐地獄惡靈尚未得到救贖的本性來看，這樣的討價還價是完全能夠理解的表現，亦即它想要藉由討價還價來脫離你的控制，畢竟它在你的人生中一直都是那樣表現——不然你現在不會缺乏這個靈體能夠提供給你的特定事物喔！

不過，若違背這方程式的話，會如何呢？如果魔法師選擇不把這個靈體提升到自己的層次，而是自己下降到惡魔的層次，那會發生什麼事呢？具有足夠能力的魔法師不是應該可以處理這狀況嗎？

我的答案是肯定的——具有足夠能力的魔法師、真正的所羅門的確「可以」處理這種狀況。然而任何打算這樣做的魔法師，當要質問自己的動機：此次操作的目的，是要在地獄造成某些改變嗎？還是要在自己所待的人間、在自己的人生中引發某些改變呢？如果答案是後者（而我也想不出除此之外的答案），可能還是把惡魔帶到需要它工作的地方會是最睿智的方法，而不是把自己往下丟到那靈體慵懶舒適所待之處，也就是名為「現況」的地獄、一如往常的悲慘人生。工人的日常勞動應當在工廠場區進行，而不是交誼大廳。

一兩年以前，有個年輕人寫信問我，是否有什麼辦法可以讓他使用黑鏡（black mirror）或其他術法以真正見識《召魔書》的靈性存在們所居住的領域。我當時的心情比較不是平常那樣，所以寫了以下文字回他，不過我還是希望他能如實看待這裡寫的「靈體」（spirit）之意：

親愛的某某某：

就你所提的問題來看，其部分答案會是另一個問題，那就是：「你怎麼會認為自己還沒見識過《召魔書》的靈體所居之處呢？」

我真的沒有開玩笑。如果你真的想要探索那些意識碎片當中的一部分所居領域，那麼我建議你今天晚上去鎮上最不堪的區域裡面最低俗的酒吧，而且要在打烊前一個小時進去，當成在做實驗。那麼你將會看到那些屬於自身動物魂魄（Nephesh）[1]的居民，亦即你的《召魔書》裡面的真正靈體，在你眼前呈現出各自未馴的姿態。

請他們喝上一輪，他們就會向你舉杯致意。加入他們的敬酒、倒酒儀式，而你就這樣一直跟他們喝酒、聊天，直到你開始認為他們的粗鄙偏執的笑話真的很有趣、他們的政治與宗教觀念非常有道理。吞吐著二手菸的地獄煙霧，呼吸著那由眾人的體味、濺灑的啤酒、便斗的除臭劑混成的神聖香氣，並與那房間的整體意識合而為一——就是那個！你正在見識人間的地獄。

假設你這時還保有魔法師的心智狀態（即人類智性Ruach）[2]，可以迅速記下一些名字與電話號碼，那就能夠安排其中一位酒伴在隔日白天大家神智清醒的時候與你見面，讓你可以雇用他或她來為你修整草皮、油漆房屋或清理化糞池。相反地，你也可以使自己的人類心智完全臣服其中，並步履蹣跚地帶著其中一位新結識的惡魔朋友回家、接受超近距離被吐滿一身的可能性——然後早上醒來發現自己染患疾病、錢財被劫，或更糟的是看到自己裡裡外外根本就是惡魔的樣子。

所以，朋友啊，我就以實際的層面來回答你的問題——沒錯，的確有辦法去見識《召魔書》的靈體所在的領域，而且還不需用到昂貴的黑曜岩（obsidian）黑鏡。先選擇你想要見識的《召魔書》所列舉的靈體之封印（seal），[3] 小心翼翼地把它畫在超小的紙片上。然後今晚半夜就帶著那紙片去到前述那家酒館，用你的第一杯烈酒將它一起吞服下去。

然後就祝你一路平安囉！

---

1. 根據卡巴拉神祕家的資訊，動物魂魄（Nephesh; animal soul）是人類靈魂的四個組成部分當中的最低者。在動物魂魄上面的部分則是「人類智性」（Ruach; the intellect），再上去則是「靈魂直覺」（Neshamah; soul intuition），而最上面的部分則是「生命力量」（Chiah; life force）。
2. 同前註。
3. 參閱本書第十三章。

所羅門魔法的正規技術很簡單，幾乎是直覺性的。首先，我需要有一個「進行操作所要達到的目標」，亦即我想要在個人生命中出現的某個改變，像是「我想要隔壁的女孩瑪莉跟我戀愛」。

我先在自家或花園畫出一個圓形的神聖空間，然後在圓的前面畫一個三角形。接著做盡一切我認為該做的事情以連結大G，並祈請大G以我所選擇的神祇面貌及性格賜予祝福與臨在。（我會在後面的篇章討論祈請的重要性以及神祇的選擇。）當我確定自己的動機與神聖秩序和諧一致時，我就運用那股權能，將某個惡魔從「地獄領域」召喚到魔法三角裡面。當惡魔一出現（無論是以實體出現或是在我的心智之眼浮現），我就下達給它執行的命令：「使瑪莉跟我戀愛。」然後我將它釋放，讓它執行我的命令。

聽起來像是濫情的通俗劇碼，可不是嗎？它就「是」濫情的戲劇表現呀！它本來就應是濫情的通俗劇碼，而這就是所羅門魔法技藝形式的浪漫與魅力所在。然而它除了容易執行之外，只要方程式上面的因素各就各位的話，它必會運作——但它很有可能以你料想不到的方式來運作。

就我們前面所舉例子來看，請別忘記瑪莉也有她自己的神聖——而且應該也是全能的——意志。除非「她」不知怎地能夠認出與我戀愛的這件事在宇宙中的正確性，亦即除非她配合這項操作，不然我將永遠被她冷落。而瑪莉不會與我相戀的原因，大概是我目前還不是瑪莉已準備好要戀愛的那種對象。必須改變的人不是瑪莉，而是我自己。如果我的真正意志就是成為瑪莉的戀人，那麼我就得要轉變成瑪莉會愛上的那種人。

而可能的情況，會是在召喚儀式之後的幾天到幾個月之間、於個人日常生活的一些看似與魔法操作無關的情境當中，我得勇於認真扮演魔法師的角色，還要演得相當精采才行。事實上，整件事很有可能就是我發現自己被捲進某種冒險刺激的掙扎奮鬥——而這應是我用惡魔召喚所得到的結果。

我時常說，我能用魔法改變的唯一事物就是我自己。我相信這句話。無論我想要用魔法引發何種改變，首先因自己的魔法操作而出現「直接」改變的唯一事物，必然是我自己。一旦我改變了，那麼「改變過後的新我」將會不知怎地影響或吸引自己的魔法操作所欲求的目標。然而，我們很少預先知道自己在成為那個新的人之前會需要歷經何種變化。此外，改變通常會以造成創傷的結果來呈現，這是生命中的冷酷事實。也許瑪莉其實是那種只會跟盲人、截肢人士或共和黨員談戀愛的女孩喔。

惡魔其實滿有趣的。如果你是所羅門，它們就會是非常棒的員工。如果你不是所羅門，它們就會變成可怕的老闆。它們很容易徵召，然而它們會在我們的生活到處亂竄，使個人生活看起來像是瘋狂的動物園，充滿我們自己未受控制、未經引導的能量。當我們堅決地使其中一個惡魔為我們工作時，就本質而言我們就是在跟意識宇宙說：「我將要征服並救贖這個從地獄來的惡魔，而這場征戰將會以塑造人物個性的冒險活動來呈現。這趟冒險將會把這個惡魔轉變成能力配稱的忠實員工，並把我轉變成不一樣的新人物，那是知道自己是主人的人物，而這樣的人正是我的魔法操作應當達到的目標，也就是成為瑪莉會戀愛的對象。」

「放馬過來吧！」魔法師如此喊著，「就讓這趟冒險開始吧！」

〈魔法師〉1

噢～主啊，祢將我從地獄的強大恐懼及悲慘當中解救出來！

祢使我的靈擺脫墳墓蛆蟲的束縛！

而我在它們的可怕居所尋找它們，沒有畏懼：

我會使它們接受我的意志、光之法律。

我命令夜晚想像那閃閃發亮的領域。

升起吧！噢～太陽，升起吧！噢～月亮，如此皎潔明亮！
我在它們的可怕居所尋找它們，不畏不懼：
我會使它們接受我的意志、光之法律。
其相貌如此可怕、其形態如此怪異。
藉由我的力量，我將把這些惡魔變成天使。
我面對這些無名恐怖，無所畏懼：
我會使它們接受我的意志、光之法律。
它們是我最令人震驚的看法之蒼白幻影。
而這世上只有我能使它們重新展露驚豔的美麗；
我躍入地獄深淵，無畏無懼：
我會使它們接受我的意志、光之法律。

---

1. *The Magician*，此讚歌係譯自埃利法斯・列維的版本。請參閱敝人著作《新千禧年的天使、魔鬼與神祇》（*Angels, Demons & Gods of the New Millennium*, York Beach, ME: Red Wheel/Weiser, 1997）的第六章、第151-166頁。

第三章

吸引力法則、意願之力，還有敝人與琳達．考夫曼的約會

意願是靈將自己轉化成物質實相的機制。
狄帕克．喬布拉（DEEPAK CHOPRA）
——《欲望的自動滿足》（The Spontaneous Fulfillment of Desire）

最近幾年以來，我們時常聽到關於「吸引力法則」（Law of Attraction）與「意願之力」（Power of Intent）的說法。說真的，我得向露易絲．賀（Louise Hay）、狄帕克．喬布拉、偉恩．戴爾（Wayne Dyer）及許許多多這方面的作者獻上深切誠摯的謝意，由於他們的作品呈現方式讓任何靈性背景的人們都能了解與接受，使得更多不同領域的求道者可以認識真正魔法的根本祕密，只不過我有可能會因這樣的表態而被祕法圈內比較不知變通的巫

師們嘲笑或拒絕往來。

也許你認為新時代（New Age）沒有深度，但應該沒有想過這領域的專家，會趁著那夾在美國公共電視的烹飪節目與《傑作劇場》（Masterpiece Theatre）單元劇的時段到處宣揚無上千古祕密……但他們就是這麼做了！魔法也許是用於「使改變能夠依循意志來發生」（causing change to occur in conformity with Will）的學問與技藝，然其中名為意志的機制至少可以用單一術語「意願」（intent）予以部分解釋。

魔法的理論說明宇宙的每事每物都是意願的產物，但我也不敢去證實這項如此浩瀚又無法證實的敘述（而敝人也希望自己別去打開外面貼有「智性設計」（intelligent design）標籤、裡面裝滿幻想蟲子的怪異罐頭）。然而，我可以很快指出我們共享的實相中有多少「事物」——物體、發明、事件、想法、政教運動，甚至我們的時間觀念——明顯就是意願的直接產物無誤。我們就拿這本書為例：

我想要跟盡量多的人們分享自己在魔法方面的一點看法與經驗——這是我的意願。而賺取一些錢財以支應我的居所、使我自己及家人在我即將邁向老迷糊的年紀時還能維持一點尊嚴[1]——這同樣也是我的意願。

1. 相信我，若想快速賺錢的話，撰寫術法書籍真是糟糕到不行的方式。

而出版商的意願（當然不只這些）即是以最小成本、最大收益的方式來提供具有品質的文學產品，還有為購書的大眾客群（特別是與出版商的哲學與興趣相合者）提供資訊與娛樂。此外，出版商的意願還有保障自己的員工、外包商、印刷廠、經銷商及供應商等等有賺錢的工作可做，而這也支持這些相關人等能按其意願去支持「他們的」家庭與社群的身心健康。

而身為讀者的你（我想應該是吧），你的意願（當然不只這些）就是要用這本書所呈的知識與想法來豐富自己的生命，以及將這些資訊與洞見用於自己想要做的事情上。

魔法意願與我們平常認為的意志力概念相當相似。然而，它遠遠大於那種咬牙切齒「迫使」某件原本不會發生的事情發生的集中注意力。魔法意願比較像是「看見」自己真心想要的事物，而其清晰的程度足以讓你的「憧憬」（vision）（其實是「你對於這憧憬的愛」）創造出某個具有生命的存在個體（living entity）。而宇宙在看到這位新的宇宙公民出生在「創造」層面時，就不得不重新安排調整「物質」層面的諸狀況，接納這個「現在必然發生」之物體或事件的完整具現。

你也許很難相信，我是在六歲的時候學到魔法意願的祕密力量。而當時進行魔法操作的靈感，即是我在讀幼稚園的同學琳達・考夫曼（Linda Kaufman）。她當時是美國加州湖木市喬治・華盛頓・卡佛紀念小學（George Washington Carver Elementary School）裡面最美麗的女孩。我在節奏組合（Rhythm Band）跟手指繪畫的課程總會設法坐在她附近。她看來很喜歡我的古怪，特別是敝人可以像海獅那樣吼叫的複雜技巧。我本身也有令人同情的加分效果，那是在剛進幼稚園的前面幾個月，我都因為嚴重的髖部病症只能靠拐杖幫助行走[2]。

當時我真的瘋狂愛著她，每晚躺在床上時都會幻想自己會牽著她的手去看電影，完成一場成熟大人的真正約會。我這裡要更正一下：那不是幻想，而是對於「愛」的某個完美片刻之憧憬——完美憧憬著愛的給予，還有愛的接受。

我用幾個月的時間一直在自己的想像中反覆演練這個場景：我會穿著正式服裝、打好領帶。我會有車開到她家去接她。我會與她的父母見面。她的父親會邀請我到他的小書房，請我喝杯雞尾酒（就像當時美國電視節目《逍遙鬼侶》（Topper）劇中人物喝的那種）。然後琳達會穿著一套非常新的洋裝出現，我們就一起搭車到電影院。我會買我

2. 我在三歲的時候，右髖那裡被診斷出罹患小兒股骨頭缺血性壞死症（Perthes' Disease）。這是一種會破壞大腿骨上端的嚴重骨疾。為了避免髖關節完全塌陷，醫生要求我的雙腳不能用力踩地，所以等到我開始去學校上課時，最初的幾個月都必須撐拐杖。到了十四歲，醫生說我已經沒有這問題了。

們的爆玉米花。我們接著去到我們的座位，那裡比較靠近放映廳的前面。我們會坐下來一起吃爆玉米花，同時開懷歡笑。然後，當整個房間的照明暗了下來、影片開始放映時，她會把我的手臂拉過去（因為我那時一定會太害羞又太禮貌而不敢這樣做）搭在自己的肩上，然後我們就在相互依偎之中看完整部電影。

那是一場美夢，而我決定要使它實現。在一九五四年的聖誕假期，我走向當時正在廚房的母親，跟她說我想帶琳達．考夫曼去看電影，要她「馬上」致電琳達的父母並安排所有的事情。這招相當大膽，因為當時的我召喚了一位危險的惡魔——就是我媽，她的猛爆脾氣難以預料，還會罵得很難聽。然而當時這項小小要求，我猜實在怪異到她大概完全沒有心理準備。我完全不會懷疑她是否聽從我的要求，而她就靜靜望著我一會兒，然後拿起電話打給琳達的母親。然後她們一邊笑著、一邊聊是非，久到好像講了幾個小時，然後整件事就敲定了。

一九五五年的元旦是禮拜天——這一天真是完美，因為我跟琳達要去看當時剛上映的聖經電影鉅片《聖杯》（The Silver Chalice）。[3] 我媽跟我哥馬克（他跟他的約會對象擔任我們的監護人）在車裡等著，而我則聰明地穿著主日學的簡單西裝配上夾式領帶，走到考夫曼家門口敲門。她的父親來應門，並邀請我到他的小書房坐下來。

「要不要喝點甚麼？」

當時的我不敢相信事情真是如此發展。他用厚實的高球杯為我們兩個各倒一杯加冰的薑汁汽水。我從來沒喝過薑汁汽水，這算是雞尾酒的一種嗎？琳達不久就跟她母親一起出現，並轉著身子炫耀她的新洋裝。每一件事情的發生，幾乎就跟我所憧憬的樣子一模一樣，連細節也不例外——而且事情到此還沒結束。

到了電影院之後，我哥跟他的約會對象謹慎地跟在我們後面走，而我買了爆玉米花，然後琳達跟我在靠近放映廳的前面找到我們的位置。我們一邊呵呵笑著，一邊大口吃著爆玉米花。等到照明暗了下來、華納兄弟公司的大盾牌映在銀幕上時，琳達．考夫曼，我的女神、我的摯愛，把我的手臂拉過去搭在自己的肩上，於是我的手臂就僵在那裡，享受接下來二小時二十二分鐘汗水與疼痛交雜的狂喜體驗。

在那一刻，我知道自己的心智、自己的夢有著能使事情發生的力量。我知道自己心中的渴望有被某種活著的智性聽見，那是某個存在、某個神，具有將我所想像、所

3. 該片由華納兄弟公司（Warner Brothers）製作，並於一九五四年聖誕節上映，由保羅．紐曼（Paul Newman）、維吉尼亞．梅奧（Virginia Mayo）與傑克．帕蘭斯（Jack Palance）主演。

意願的任何事物帶入實相的力量。然而在後續的五十年當中，我經過許久才了解那力量的本質就是「愛」，並明白方程式中若少了這個關鍵因素，我的魔法將永遠無法達到完美。

第四章

家族祕密

在澳洲美拉尼西亞某些以母系為主的地方，魔法是由父親傳給兒子；

在英國威爾斯，魔法看似是由母親傳給兒子、父親傳給女兒。

在某些社會裡面，有些由人們自發組成的祕密結社具有重要功能，

那麼魔法師的組織與這類祕密結社就會常有交疊之處。

——馬瑟爾．茂斯（MARCEL MAUSS），《魔法概論》（A General Theory of Magic）

魔法圈裡面有些人會很強調自己的魔法家系。有這樣的想法並不意外，因為那種認為自己也許真的在血統上已不是平凡人[1]、而是特殊人種的想法，的確會強調我們的靈

1. 普受歡迎的哈利．波特（Harry Potter）系列小說的作者羅琳女士（J. K. Rowling），也許會稱他們為「麻瓜」（Muggles）。

性技藝所具有的浪漫與神話題材。我相信這想法裡裡外外其實無傷大雅，畢竟我們誰不想要認為自己是某個梅林（Merlin）、某位摩根（Morgan La Fey）、某個凱里歐斯措（Cagliostro）或某位阿列斯特・克勞利的後代（或傳人）呢？然而如果對它太過認真，這種對於魔法血統先入為主的成見就容易說服我們盲目放棄個人常識，並接受某種形式的魔法菁英主義思想，這就跟其他那些「某某至上」的想法一樣愚蠢且危險。

請別誤會，我完全知道我們當中其實有少數人的父母，還有父母的父母，有在修習魔法或巫術。然而就我們大多數人而言，我們從親代或祖輩所繼承的「魔法」，若跟代代相傳的巫會（coven）、撒旦教派（satanic cult）或祕密入門社群（secret initiatory society）相比，大概看起來不怎麼像魔法。不過，我其實相信藉由檢視自身祖先們的人生與性格，我們會發現更多關於祖先們傳下來的魔法「血統」之資訊，會比分析他們對外聲稱的靈性興趣所得結果還要更多。

我敢打賭，如果我們每個人都有稍微這樣想過，我們可以在父母與祖輩身上看到那位魔法師，並且能夠追蹤那魔法（無論是好是壞）到我們自己的人生與個性上。就我而言，這當然做得到。事實上，如果你真心想要成為面面俱到的睿智魔法師，你遲早會設法接受那鎖在自身家族祕密之ＤＮＡ裡面的善與惡。

若蒙不棄，我想分享一些關於敝人魔法家族的故事。也許你能藉此在自己的生命中看到一些相似之處。如果沒有，至少你也許能從我這裡學到一點東西。

我的母親[2]是個基本教義派的基督徒，倔強地自豪自己不知道——也不想學習——基督信仰的歷史或教義（連她自己的教派歷史或教義也不例外）。她不讀（更別說研究）《聖經》。她宣稱「如同孩童的單純信心」（childlike faith）是能讓她進天堂的唯一美德。就她看來，好奇與教育只會打開通往惡魔欺騙把戲的大門，並誘惑她去質疑自己在幼年於美國內布拉斯加州（Nebraska）西部環境惡劣的大草原時被灌輸的唯一真正盲信之道。這種對於奉獻的專注原本可以是她生命中的有力靈性工具，但她其實沒有奉獻的「對象」。她對於耶穌看似沒有特別的奉獻心態，對於自身生命的熱情在靈性層面的重要性也沒興趣。她完全滿足於以下的概念：如果她毫不懷疑地相信耶穌這位歷史人物於死後三日復活、再過四十日昇天的話，那麼她也會上天堂——而任何不相信此事的人們都會永遠在炙熱的地獄接受相應的懲罰。我在還是小孩的時候，就已認為她在想到不信者會有的天譴時，會比想到信者會有的美好拯救承諾時還要高興許多。

---

2. 她的全名是 Lucinda McConnell-DuQuette-Lees（1913–2007）。

對於這類教義的信仰心不一定使人表現出批判或譴責的態度。說實在的，我有認識許多抱持類似信仰的人們，這些心中有愛的人們為家人、朋友、鄰居與社群予以深厚的慈愛。不過遺憾的是，恕我直言，那位將敝人生進這個次元的女士，也就是我媽，在下得說她並不是這樣的人。就她看來，這種狹隘的宗教絕對論觀點只會讓她自由地將所有能量專注在她唯一真正的靈性奉獻目標——就是她自己。

她有著超自然的心靈能力，且其個性相當有磁性，其程度足以吸引周圍眾人的注意並予以掌控，所以大家都容易受她吸引，也使她在社交方面非常受歡迎。在她這一次長達九十四年的轉世人生中，人們屢次從原是不經意的相識變成受害者，毫無戒心地自願陷進她的魔咒，直到後來才發現自己已被纏在她那情緒奴役之網裡面無望地被言語戳痛卻又動彈不得。在經歷她那使靈魂枯竭的戲劇長達三十三年之後，我的父親於六十二歲去世。二十三年之後，輪到她的第二任丈夫面臨同樣的命運。業經證實，她的魔力所及之處，都會對許多親人、朋友及善意陌生人的健康、工作、婚姻與人際關係造成致命的傷害。

諷刺的是，她（有時）會有很棒的幽默感——而這是她傳給我的事物當中我最珍視的特質。幽默一直幫助我面對並轉化（希望是這樣啦！）她所傳給我的那股較為黑暗的魔法。以下是我在她的喪禮所講悼詞之一些片段。也許這篇短文聽起來對死者有點不敬，然而當時的牧師與她教會的信眾並不這麼認為，因為他們實在太認識她了。當時在那教會裡面的笑聲，算是我們所有人在情緒層面有了健康的釋放。

摘自：兒子的悼詞

於美國加州湖木市基督長老教會

西元二〇〇八年一月二十六日

我不確定所有的母親是否都是吸血鬼，但我的母親就是如此。我喝她的母乳不到一年，然後換成她吸我的血長達五十九年。在某程度上，我認為這是自然秩序的一部分，畢竟我們都以某種形式依賴他人生活下去。如果有人真的需要用我的能量來滋養自己，我很樂意為那樣的人「流一點血」，然而如果那些人並沒真的「喝下」我的血，而是把它全撒在地板上，那麼我會相當憤怒。遺憾的是，我得說我母親在她那九十四年的人生中，把很多人的血全撒在地板上。

請別誤會，我媽喜歡人……但她非常討厭其它生物。你不會看到她輕拍狗兒或撫摸貓咪。她努力殺盡家宅內外的蟲子，也不怎麼照顧花朵，因為花朵裡面可能藏有昆蟲。

如果你要帶她去吃飯，你絕對不會選擇自己以後還會去吃的餐廳。她會惹惱服務生與女侍……而且她如果不喜歡那食物，通常就會叫服務生來餐桌旁邊，然後從自己嘴裡取出食物並問他們：「親愛的……看看這個東西……你們會吃嗎？」然後她會在菜餚收走之前企圖要他們吃到一點。在吃飯接近尾聲時，她總會大聲宣稱（而且是在那憔悴的女侍聽得到的範圍）給小費是不好的事情。

而她「總是」偷拿餐廳的餐巾。

如要描述這個人的性格，固執己見、自私自利等詞句都完全無法形容，不過若用某條流行歌曲的歌名來描述的話，我必會選擇法蘭克·辛納屈（Frank Sinatra）唱的〈我的路我自己走〉（My Way）！

其實，當她七十幾快八十歲的時候真的有表現出那首歌的情境。那是法蘭克·辛納屈的演唱會，而她在法蘭克獻唱時拒絕停止與朋友大聲聊天，所以她跟朋友們一起被驅出場外。

遺憾的是，根據她的育兒技能，我只能給出好壞都有的評價。她相信那老套的說法，即母親應當永不鞭打孩子——除非已經暴怒到滿臉通紅、完全失去控制的程度。也許跟某些家暴故事比起來，她的打罵只能算是輕微，然而有一次正當我掙扎逃離挨打的時侯，她失手了，木條的邊緣直接敲中我的腦袋。我猜她當時在看到我完全昏倒並從家具上一顛一顛地滑下去時大概也嚇壞了。

但我現在已經長大成熟……而且也忘了這一切。

身為家裡第二個出生的孩子，其實我算是逃過一劫，亦即她那母性學習曲線對早我六年出生的哥哥馬克造成更加嚴重的傷害。

但馬克現在也已經長大成熟……而且我也確定他也忘了這一切。

沒錯，露辛妲·莫透爾·杜奎特（Lucinda Myrtle DuQuette）真是很有個性的人物——固執己見、具有魅力、惡毒缺德，而且令人難忘。在她只剩幾個月的生命時，我有寫以下這首小詩給她：

也許我們曾是鄰居。

也許我們曾是親屬。

也許我們曾是夫妻。

也許我們曾是朋友。

也許我們曾是敵人。
也許我們曾彼此索命。
無論我們從過去
帶來什麼樣的連結，
無論我們在過去是什麼樣的關係，
親子也好、夫妻也好、
兄弟姊妹也好，
在這段人生，妳是我們的母親。
因此，當我們的這段人生
接近謝幕，
舞台也即將為下一段人生重新布置時，
就讓我們彼此親吻、彼此歡笑，把過去點火燒掉，
然後相互原諒、彼此遺忘。

我的父親則是完全不同款的魔法師，是個安靜、陰鬱，時常沮喪的天蠍男。他原本在我還沒出生的那幾年喜歡飲酒，然而由於母親十分樂意地開車到他下班後愛去的酒吧，直接把他從酒吧的高腳椅上拽下來拖到車上，所以他之後就沒這麼做了。父親不怎麼談論他的父母與家庭，只說他有一個親姊及三個繼姊。祖父是從法國來的，祖母則是從英國來的，並在這次婚姻之前已結過一次婚並生下三個女兒。而祖母的父親則是蘇格蘭場（Scotland Yard，即倫敦警察廳）的督察，於維多利亞皇后金禧慶典（Golden Jubilee，即登基五十週年慶典）期間去世。至於祖母的母親，我們唯一知道的資訊只有一則令人感到有點不安的故事——而且我媽直到二〇〇七年去世的前一週左右才跟已經快要六十歲的我講以下的故事。但在聽了之後，我能了解她為何拖延不說。

我的父親是在美國洛杉磯出生並長大的，然而他在一九三〇年代後期旅行到內布拉斯加州西部鑽那些用於探勘的油井。他遇上那位後來成為我母親的女孩（當時是某間餐館的女侍），然後他們就在一九四〇年於內布拉斯加州一個名為查珀爾（Chappell）小鎮結婚。而當這對新人回到父親在加州的老家時，他震驚發現自己的父親已在他去外地遊歷的期間去世且已經埋葬[3]，而自己的母親則奄奄一息地躺在某間醫院。當他們一起去探視那位可憐的婦女時，她要求要跟新媳婦單獨談談。

3. 而且父親的姐姐們都拒絕說出祖父的埋葬之處。

她問那位將成為我媽的新媳婦是否有生兒育女的打算。當我媽肯定回答她的時候，那位老婦人懇求她重新考慮：「別懷他的孩子。我們是受到詛咒的！我們的血脈裡面有著邪惡。」然後她流淚承認自己的母親是個「巫婆」（witch）。

現在，我想這裡得要暫停來跟大家說明一下，這位婦人是出生在十九世紀後期，那時的「witch」並不代表今日那些全心擁抱新異教運動、其信仰肯定生命並根植大地的人們。相反地，它係指稱那些樂於依從邪惡目的、行使邪惡之事的人。

然後老婦人繼續解釋自己的母親如何享受他人的憎恨、恐懼與悲慘——她會坐在倫敦自宅的台階上詛咒過往的行人，特別是懷孕的女性，然後在聽到那些女性流產及生產時死亡的消息時高興欣喜。她會毒害狗貓、會傳播關於鄰居及親戚的邪惡謠言，只是為了要破壞對方的生活。她如此受到鄰居的憎恨與恐懼，以致於其他小孩全都不可以跟她的小孩玩在一起。要不是她的先生是個警察，整個家庭可能早就被迫離開那個住宅區。

我父親的四個姊姊都沒有生小孩，也許是因為邪惡血脈故事的關係而阻止自己生下後代。但我媽的反應反倒完全不一樣。當我問她，祖母的故事有沒有嚇到她時，她冷酷地回答：「沒有。如果我當時聽進去了，你跟馬克現在會在哪裡？我才不會照著那個老巫婆的意思來做呢。」

我想，我媽的魔法在這事態中非常有用，即固執己見而勝過恐懼與迷信（雖然它本身也有著大量的恐懼與迷信）。即使我的父親並沒有過得一路順遂，即使我們兄弟倆有各自的起起落落，我不相信任何從這奇女子的陰戶生出來的杜奎特家族成員有受到任何比個人缺點還要邪惡的詛咒。然而現在，這則令人不安的故事讓我回想自己的整個童年，每當我做出我媽不認同的事情時，她會抖著手指頭向我指來，很慎重地說我「被惡魔附身了」。

我必須承認自己有時會被某種煩擾心神、黑暗憤恨的本性附身。當我看到自己受到錯誤的對待——像是在高速公路開車時有車突然硬切到我前面，還有像是在聽到或看見他人、動物、自己的國家、地球遭受不當對待——我的腦海就會滿是「如果這些人落在我手上的話，我會用甚麼酷刑伺候他們」的殘酷血腥畫面，而其結果就是我得用盡一切祕法手段來強迫自己回歸到平靜的理性心智。在這樣的時候，我就會想到那會毒殺別人的寵物並為流產的消息感到高興的曾外祖母。

就各方面來看，這詛咒跳過我的父親。事實上，我的父親天生有著最仁慈與高貴的性格，這其實滿明顯的，他是為了馬克跟我的身心健康與人身安全而繼續維持跟母親的婚姻。他的靈性則是聚焦在某個籠統的「無上存在」（Supreme Being）之簡樸信仰（畢竟他是美生會會員[4]）與人類本有的善[5]。他努力為他的兒子們灌輸只要專注心力就能做到任何事情的自信。而他教導我們夢與想像的魔法，並表示這魔法的確有可能幫助我們的夢想實現。

就像一位善良的天蠍座美生會會員，他是用魔法祕密的方式來教導我們。所以，在你已經耐著性子看完我對於母親的魔法之佛洛伊德式的嚴肅短篇探究，我總算可以開始講述這一章在開頭標題就已承諾要讓你知道的真正「家族祕密」。

老爸的藏書中有幾本美生會的書，許多都繪有奇特、神祕的符號。當我哥跟我詢問那些符號的意思，他只會一再引誘地說：「這是祕密喔。如果你想要的話，等你長大以後可以加入美生會來找出它的意思。」他慢慢地為我們灌輸對於祕密知識的敬畏與尊重。所以當我在成長過程遇到一般會有的問題時，可以去問老爸，而他會給予我某個用於處理那些問題的魔法「祕密」。這些祕密不能分享給其他人，也就是不可以分享給我媽、我哥，或是任何人！當時的我哥跟我並不知道對方也從老爸那裡得到他自己的祕密。在他去世之後過了幾年，我們比較當時的紀錄，發現它們雖然相似，但我們各自的「祕密」都有獨特的部分。

現在，老爸已經去世多年，我想他不會在意我分享一些曾經助我度過這些歲月的魔法祕密。

◆第一個祕密，其本身**並不是祕密**，而是一道誡命、一項根本指示：「你的名字是魔法名字。絕對不要改變你的名字或名字的拼法。」我不知道他為我取名「隆．麥羅」（Lon Milo）的理由，然而我對老爸的最早記憶之一就是他一直堅持以下幾點：他有很仔細地為我擇名、這名字是魔法名字，以及我絕對不要改變這名字的拼法或大小寫。我到現在仍遵行這項根本指示。

◆**晚上快要睡著時的祕密**是老爸教給我的第一個貨真價實的魔法，它分成兩部分，而且非常簡單（但是我不能跟別人講自己的做法）。首先，我要說出自己的禱告。不過，抱持不可知論的老爸是個實事求是的人，神對他來說是個籠統的宇宙概念，而他也沒有鼓勵我去信奉耶穌或《舊約》的耶和華，但其實就是除了至高善的「那個」（What-It-Is）以外的任何事物，他都不鼓勵我去信奉。無論如

4. 美生會會員在絕大多數國家都要明白表示自己相信無上存在（Supreme Being）。
5. 美生會會員也被教以「……有很多科技學問與工業知識被植進人的內在，係為了達到最好、最有益且最為慈善的目的。」而這教義明顯反對基督信仰的原罪（Original Sin）及人的全然敗壞（Total Depravity of Man）等教義。

何，重要的是我在睡前要承認神的存在，並以自己在個人生活中所得到的種種祝福感謝祂，還有祈求祂繼續在自己所進行的每件事情上給予保護、指引及祝福。老爸說，最好的祈禱就是從心中自然表露的祈禱，不過若我無法想出自己的禱告，就可以先用〈主禱文〉（the Lord's Prayer）直到我學會為止。

在說出自己的禱告之後，我就開始放鬆下來，開始編造一趟關於任何能夠使我開心的事物之想像旅程（而且我在裡面是主角）——而且越夢幻越好。而這項祕密在這一部分的規則只有一個：每個晚上的冒險旅程裡面都得要有一個片段，由我做出至少一件在現實生活「不可能」做到的事情。所以每個晚上，我都要想出一個新的不可能做到的事情。雖然我不曉得為什麼，但我就是直覺知道這是你可以鼓勵孩子去做的超酷活動之一。

◆ **阻止惡夢的祕密**也許是老爸的所有祕密當中最像魔法的祕密。就像絕大多數的孩子，我在還是孩童的時候也有做過許多惡夢。在大約七歲左右的某個晚上，我一邊尖叫、一邊哭著醒過來，因為我剛夢到有個怪獸把我哥馬克吃掉，然後它抓到我的腳。老爸摸黑進來我房間，坐在床邊。他告訴我一切都沒事的，每個人多少都有做惡夢的時候。他鼓勵我躺回床上，但我拒絕把頭躺回枕頭上的同樣位置，因為惡夢就是從枕頭出來的。就在那時，老爸說出非常有趣的事情：「不行。你『應當』回去那夢裡面把怪獸趕走。」他接著告訴我，在做夢時，無論什麼時候感覺到不舒服，我只要倒著唸我的名字，即「諾」（Nol），那怪獸或麻煩就會消失。我對老爸有信心，所以我把頭躺回那個惡夢枕頭，並嘗試重新造出那幕可怕的場景。不出所料，我又回到那場夢，而腳已在怪獸的嘴裡。我就說出那個魔法咒語「諾！」那怪獸恐懼地張著嘴巴，然後在空中消失無蹤。我對於這個新祕密感到非常滿意，而且也用了無數次。更甚的是，一旦我學到自己可以控制自己的夢境時，我馬上就學會在夢中「去到」許多地方，甚至在那裡實現一些「不可能」的奇蹟壯舉。這對魔法師來說是非常重要的技藝，而且能夠在問題的同一次元處理問題，而不是用溜到另一次元的方式逃離問題，這樣的能力也很重要。

◆ **學習的祕密**則是一則我會在每天清晨上學途中悄聲說出的簡單肯定語句：「學習的祕密就是我無時無刻都盡我所能地做到最好，而且總是比我認為自己可以做到的程度還要再好一點。」這則肯定語句使我成為模範學生——雖然我希望自己可以這麼說，但實情不是如此。不過我可以說，我真的無法想像，若早上少了這句鼓勵的話，當時的自己會變成多麼糟糕的學生。

在產生出「魔法師隆·麥羅·杜奎特」的方程式當中，我的父母均是不可或缺的重要因素，這是無法逃避的事實。而當康斯坦絲（Constance）跟我一起養育自己的兒子金－保羅（Jean-Paul）時，我就非常留意自己從父母的優缺點習得的經驗教訓。我們把獨有的「家族祕密」傳給兒子，而他現在也以自己的方式分享給他的兒子，於是祕密就這樣流傳下去。

第五章

我的行星護符[1]

這世界有著卓越的愚蠢之處，
那就是當我們受夠命運的時候——通常是自己過度耽溺的行為招致的後果——
會把臨到自己的災難怪罪給太陽、月亮與星辰，
就好像我們是形勢所逼的歹徒；天生衝動的愚者；被星象支配的惡棍、小偷與背叛者；
被迫屈從於行星影響的醉漢、騙子與通姦者；
就好像我們所做的一切惡事，都是某個神聖事物強迫我們做的，
如同好色之徒那令人佩服的逃避藉口：他對於色慾的迷戀都是某顆星辰的責任！

——莎士比亞，《李爾王》（King Lear）

我只是習修魔法很多年而已，請別以為就此認定敝人可以澄澈看見自己的真正意

1. 這是我為伊瑟瑞爾．磊加棣所著《金色黎明會魔法系統全書》限量版第三版的前言之部分摘錄（The Complete Golden Dawn System of Magic, Reno, NV: New Falcon Publications, 2008, 37-41）。

志，或者自認是開悟大師。我沒有喔，不過在這麼長的歲月之後，敝人真正擁有的事物，就是大量的魔法經驗，而經驗是（或至少可以是）生出智慧的地方。但如果我有想把從經驗學到的教訓用於現今自己的魔法發展上，但無法正確回顧並評估這些經驗的話，自然不會有生出智慧的可能。因此，我相信為自己的魔法操作留下手寫紀錄，對於魔法師而言會是非常重要的動作。如同之前所述，為了寫這本書，我得往灰塵滿布的箱子及儲存櫃的深處挖掘，從中取得那埋在底下的魔法冒險經過與不幸遭遇之紀錄並加以整理。

對我而言，回顧老舊的個人魔法日記從來不是愉快的經驗。每當我打開來閱讀那由好久以前的自己所寫的一段紀錄，我真的會因為噁心、丟臉與驚訝混在一起的感受而僵在當場。當我回想那些事件、想法、錯覺與假設時，總是咬牙切齒地隔著這些屬於過去的鏡子看到那個膚淺、自大、無知、被小我蒙蔽的年輕笨蛋正無禮地瞪我。而我的唯一慰藉就是自己還好有活到現在，可以慶賀「感謝老天，我已經不再像以前那樣了！」

經驗如此苦痛，然而重新審視自己的魔法紀錄，讓我有機會標示出自身靈性進化的大致軌跡，甚至還有幾次可以精確指出自己的魔法操作（高低階都有）在什麼時候確實引發符合我意志的改變——而我的生命軌跡與其他人的生活也就在那些時候出現戲劇化的更動。事實上，你此刻正閱讀的本頁文字，即是我在三十五年前推動的某項魔法操作之結果。

大約在那痛苦難忘的惡魔歐若博司召喚儀式[2]的一年以前，我的人生陷入某個——讓我找個比較禮貌的描述用詞——危機。當時的我二十六歲、已婚，還有一個兩歲大的兒子，正在絕望地試圖脫離非常不健康的音樂家兼發片歌手的工作，而且還要努力為自己的生活帶入一些穩定性及方向感的假象。當時的我早在幾年前為了應付強烈的靈性飢餓而進入西方祕儀的入門社群圈子，更精確地說就是進入玫瑰十字會（Rosicrucian Order，全名為玫瑰十字古祕團 AMORC）、傳統馬丁教派門徒會（The Traditional Martinist Order, TMO）、至聖所工匠團（Builders of the Adytum, B.O.T.A）的修習次第。

雖然我的學習看起來很炫，它們就只是——學習而已。我的人生需要改變。我不想只是學習魔法，我想要「施展」魔法。但是要選哪種魔法呢？當時的我有聽過一些關於魔法邪惡事物的恐怖傳聞，所以會非常急切地尋找安全的魔法，用於敝人的首次施展。

2. 參見第一章。

一九七五年元月初，我在北長灘的某間窄小老舊又堆滿東西的祕術書店買到《如何製作及使用護符》（How to Make and Use Talismans）[3]，是伊瑟瑞爾・磊加棣[4]的著作。由於讀過磊加棣的幾本經典魔法教科書，所以我信任他。不過，這本小書跟那些教科書不一樣，它事實上是實修魔法的入門指南。磊加棣對於護符魔法基礎理論的解釋既合理又容易了解，立刻為我驅散那些迷信的擔憂。他在書中慷慨提供表單、示意圖與插圖（我馬上把它們影印並貼到我的魔法日誌），使那本小書變成含有大量易於使用的資訊之寶庫。我實在等不及要從學生的身分畢業而換成習修者。在把書從頭到尾讀過數遍之後，我完全知道自己應該要從哪裡開始做起。

磊加棣提到行星護符（planetary talisman）[5]有助於克服個人占星盤中可能有害的不利相位。而這句話確實吸引我的注意，因為我知道自己的出生盤有一些困難的相位，所以我聯絡哥哥馬克[6]（他是我的占星師），看看盤中哪顆行星需要一點幫助。而我哥則是冷冷地跟我說：「全部都需要。」不過，他還是建議我先試著改善自己跟月亮的友誼，畢竟我的出生盤係由月亮支配。

藉由磊加棣那本小書的指引，我從一月二十三日開始收集準備用在月亮護符的符號。然後在一月二十七日的半夜，我取用那在月光中凝結、並滴到我那輛一九五二年的克萊斯勒車身上的露水來膏抹那護符，然後用所有我能夠設想得到的儀式將它聖化。

我的月亮護符是敝人最美的手作事物。那是用硬紙板做成的雙圓紙模。其中一個圓的前後面，我在其深紫色的背景上以銀色顏料[7]繪出月之精靈與智性的印記（sigil），這些印記是用那本書提供的月亮行星方陣（kamea）[8]做出來的。至於另一個圓，我在其中一面繪上具有象頭的印度神祇迦尼薩（Ganesha）[9]銀色圖像（這位神祇認為月亮是神聖

---

3. 最初係由 Sangreal 出版。最近的改版則由 Thorsons Publishers 於一九八三年出版。
4. 伊瑟瑞爾．磊加棣（Israel Regardie, 1907-1985），全名為 Francis Israel Regudy，曾在一九二〇年代擔任祕術家阿列斯特．克勞利的個人祕書。他大概是二十世紀延續阿列斯特．克勞利所留下來的祕術遺產及金色黎明赫密士教團（Hermetic Order of the Golden Dawn）的儀式與教導當中最具影響力的人士之一。我們最後在一九七〇年代後期相識為友。
5. 護符（talisman）的英文有時會寫成 amulet，它們是以魔法意願創造、以特定靈性力量加持的小型物件，通常上面會有魔法符號及（或）文字。護符在傳統上是做來隨身帶著，以抵擋邪惡、吸引好運或遂行其他魔法目的。
6. Marc E. DuQuette. b. 1942. Author of *Orange Sunshine—How I Almost Survived America's Cultural Revolution*（Los Angeles, CA: Self-published, 2008）.
7. 銀色與紫色都是月亮的神聖顏色。
8. 行星方陣（kamea），一般稱為魔方（magick square），係由1至n2的所有正整數均只出現一次所構成的方陣，且其各橫排、各直列及兩條對角線的n個數字加總均須相同。月亮方陣是9×9的方陣（月亮係配賦在生命之樹的第九輝耀或行星領域）。其他的行星方陣則是：土星為3×3、木星為4×4、火星為5×5、太陽為6×6、金星為7×7，而水星為8×8。
9. 參見第十一章。由於希伯來字母具有數值的對應，就可利用行星方陣裡面的對應數字來拚出任何字彙或名稱。

的），另一面則畫上適當的行星與地占術之象徵。我在雙圓其中一面的邊緣，用希伯來字母寫上神聖之名以及一些天使的名字，而另一面的邊緣則是寫上〈詩篇〉第72章的摘文「只要月亮還在，就大有平安」（…abundance of peace so long as the moon endureth）。當完成護符的時候，我懷著愛意將它滑入自己用紫線縫製的亞麻布袋，袋蓋還繡有銀色弦月。

我當時真為自己感到驕傲，但還是不覺得自己像個魔法師。我的確有幾天帶著它到處走，並感覺到有趣的能力增進感受——但我不知道能力增進要用來做「什麼」。我不確定自己下一步應做何事，然而在沐浴的時候，答案出來了（就跟許許多多的答案一樣），那就是我要做出一整套七張行星護符！

在接下來的四個月當中，藉由磊加棣那本小書的幫助，並運用我那一直在改善的藝術與魔法技藝，我創造並聖化一整套七張行星護符。越後面做的護符會比前面的護符更加美麗、更讓人感到崇敬。我創造它們的順序是依照出生盤中行星不利影響的嚴重程度來安排。我在二月六日聖化自己的火星護符，那時我已自己學會五芒星及六芒星至高祈請儀式（Supreme Invoking Ritual of Pentagram and Hexagram），所以它們就從那時起放進我的護符聖化儀式裡面。

下一個護符是木星，係於二月二十七日聖化（那一天是康斯坦絲的生日）。在剛好過完一個月之後，就是金星護符的聖化，而這張護符喚出最令人印象深刻的反應，就是夢境全變成生動的綺色春夢，那是我從青春期以後再也沒有經驗過的事物。直到四月四日聖化水星護符之後，這些夢境就轉變成焦慮與迷惑（唉～就接受吧～）。

我從五月十日開始製作土星護符，並在第十三日的半夜聖化之。隔天即著手收集第七張、也是最後一張行星護符的符號，這張太陽護符總共花十天完成，並在五月二十四日的月蝕期間[10]聖化。我總算有完整一套行星護符。

在製作護符的整個過程以及之後的幾個月，杜奎特家庭的生活仍是一連串的混亂、挫折與絕望。為了嘗試酒館駐唱之外的賺錢方法，我接下一份房屋油漆的工作並舉家搬到美國加州聖加百列谷（San Gabriel Valley），後來才發現自己的勞力永遠不會得到報酬（沒錯，因為真的能力不足），眼睜睜地看著我們卡在南加州霧霾最嚴重的小鎮拉文（La Verne），沒有錢也沒有工作。

到了七月十一日的清晨，當時的我自認這天應是自己最糟糕的生日。到了早上十一

---

10. 我當時以為在月蝕期間進行魔法操作會比較「厚實」（heavy）且更有魔力，後來學到月蝕通常不是進行魔法的最佳時段——不過，這樣做的我還是活了下來。

點十五分左右，我把自己關在臥房的聖殿中，點起一根蠟燭，把它擺在我的聖壇上面。我不情不願地進行五芒星與六芒星驅逐儀式（Banishing Rituals of the Pentagram and Hexagram），然後坐下來試著冥想，但做不到。為了讓自己振作起來，我把自己十分珍惜的護符從各自的袋子中取出，一一審視它們各自展現的美妙細節。當它們在我指尖翻轉時，我唸出寫在各個護符上的力量文字與神、天使及精靈的名字。後來，就好像要為自己的失序宇宙帶來秩序那樣，我把太陽護符放在聖壇上面的中間，剩下六個行星護符則以形成六芒星的適當位置圍繞著它[11]。它們如此美麗——如此完美。

有一會兒，我不曉得自己要如何感覺。沮喪與欣喜的感覺交替出現，亦即沮喪是因為這些護符是我生命中唯一完美的事物，欣喜是因為我的生命裡面至少還有一些完美的事物。我看向時鐘，那時已快要中午，該是要跟康斯坦絲與小金－保羅一起吃生日蛋糕的時候。聽到他們正在廚房大聲笑著，我也跟著笑了出來。就在那瞬間，有個頓悟出現了——雖然老套但又值得放進名導演法蘭克・卡普拉（Frank Capra）的勵志電影裡面——我了解自己的生命現在已有許多「完美」的事物，事實上，那一刻的我是世上最幸運的傢伙。

我從憂傷中振作過來，並認為這樣的情緒轉變應要歸功於那些護符。在定眼望向放在聖壇上面的護符時，我了解到它們對我來說最美、最具意義的時候就是剛才那一瞬間。再過幾週，它們的色澤將逐漸黯淡、墨跡將逐漸龜裂、邊緣將逐漸磨損。再過幾年，我也許會遺失其中幾張護符，留下來的護符也許會皺縮成脆裂的厚紙板屑。我真希望自己能將它們臻至力量頂點的那一刻永遠保留在某個永恆之地，使它們的美麗永不抹滅、力量永不消失。

因此這些護符若還繼續放在聖壇上面或收進各自的乾淨小袋，對我而言已經沒有任何益處。我需要它們能夠確實成為我的一部分——不！不只如此，我需要使用它們的魔法來把我造成「另一個人」、另一個新的人。我必須把敝人的珍貴行星孩童重新吸收進來，種入自己的靈魂子宮。我必須用它們的魔法勢能使自己受孕，藉此從我自己生下「新的」自己。

於是，我懷著欣喜的心情，將七張護符一張張地投進聖壇蠟燭的神聖火焰，並在那些脆弱的紙墨外殼一一變成乾淨白灰的過程中吸收它們的光與熱。

---

11. 太陽護符放在六芒星的中央，土星護符放在六芒星正上星尖處、木星護符則放在右上星尖處、火星護符則放在左上星尖處、金星護符放在右下星尖處、水星護符放在左下星尖處，月亮護符則放在正下星尖處。

第六章

與塔羅精靈單獨相處的週末[1]

當你拿起一副塔羅牌時，整個宇宙就在掌握之中。

——教士拉梅得．本柯立孚德

我的七張行星護符之創造過程與「圓房」（consummation）儀式把我推向一段奇妙的魔法冒險，不過這段旅程的檢視要等到現在已經邁入省思人生的年紀，才能開始進行。在那次生日火祭之後，我會在毫無預料的情況下地接受少數幾位還在世的阿列斯特．克勞利的關門弟子所給予的魔法點化儀式、帶領魔法團體的分會，並與世上魔法領域最聰明的人們結交朋友，包括羅伯特．安通．威爾森（Robert Anton Wilson）、克里斯多夫．海亞特（Christopher S. Hyatt）與法蘭西斯．伊瑟瑞爾．磊加棣。此外，我也經歷那由個人與魔法方面的諸多磨難、挑戰、勝利與悲劇所組成的漫長曲折旅程（有人會說那是受苦）。

這趟旅程的前二十年當中，塔羅（tarot）與它與卡巴拉的關係（至少赫密士派魔法師是這麼想的）算是能夠吸引我的想像力（以及閒暇時間）的主題之一。我瞭解本書的讀者不會每個人都熟悉塔羅，但會的人比例應該很高。你們這些會為自己或別人讀牌的人，也許會有一副用了很久的心愛套牌——那是你信任的套牌、是你灌注個人本質與振動的套牌，也是你藉由數年的反覆使用為其增添力量的套牌。如果你真的有一副這樣的套牌，那麼它大概已有磨損、捲邊的狀況，它的側邊非常有可能呈現出經年累月的皮膚油脂與塵埃所形成的灰黑髒汙，甚至有可能達到非常不衛生的程度！我認識許多塔羅牌占卜師，他們的牌已經軟到洗牌時幾乎沒有什麼噪音。

不過，你那副磨損很嚴重的牌儘管再怎麼不好看，你大概都會把它們當成老朋友來看。你跟它們是有歷史的，你信任它們。它們是活著的——也許比你能夠想像的程度還要更有生命力。

1. 本章所描述的儀式，最先是在二〇〇三年美國洛杉磯塔羅研討會（Los Angeles Tarot Symposium）的某次演講中分享，後亦刊登在英國《五芒星雜誌》（Pentacle Magazine）的2005年Beltane 季刊。

我的第一副塔羅牌，是在一九七〇年代參加至聖所工匠團[2]塔羅／卡巴拉對應課程時為自己畫的那一副牌。那課程真是不錯，像是那種跟著號碼著色的繪圖作業（只差上面沒有標示著色的號碼而已），而我當時只做出二十二張大牌。我並沒有嘗試用這些牌占卜或預測，因為課程中有告誡我們若把這些牌用來占卜命運，可能會使自己在靈性層面受到嚴重傷害。我很認真遵守這警告——至少暫時如此。

我用來讀牌的第一副塔羅牌，是在一九七二年於美國加州科斯塔梅薩市（Costa Mesa）匹克威克書店（Pickwick Bookstore）買的《托特塔羅牌》（Thoth Tarot）[3]較早版本。我原本會頻繁使用它超過二十年，也許到現在還會用，然而因緣際會之下，我最後創造出自己的塔羅牌《儀式魔法塔羅牌》（The Tarot of Ceremonial Magick）[4]，所以敝人若沒使用這副牌的話，應該只會有負面的廣告效果吧。後來，我總算了解《儀式魔法塔羅牌》的創造其實是自己在好幾年之前開始的魔法操作——也就是七行星護符的製作——之延續以及更為細緻的擴展，畢竟塔羅事實上是一個壯觀且複雜的護符，而它的基質裡面則含有西方赫密士與魔法傳統的所有常用面向。請別就此以為我在暗示為了要把塔羅牌當成能夠成功使用的占卜工具，占卜師得要曉得全部七十八張牌卡各自具有的行星與魔法層面特性。事實上，我敢打賭世上絕大多數塔羅牌占卜師並不在乎這些塔羅牌所繼承並藏於其中的魔法原則、力量與精靈（spirit）。沒錯，我說的是「精靈」——但我們等會再來講這部分。

由於塔羅是依照卡巴拉的基礎原則構建而成，它真的可以算是同樣以卡巴拉為基礎、涵括占星術、煉金術與幾種不同儀式魔法的赫密士魔法技藝之圖像DNA。因此，魔法師與準魔法師都（應該）會對塔羅有著特別的興趣。

如果我們能透過魔法窺見那藏在塔羅牌的亮滑牌面及彩色油墨背後的事物，我們會看到每一套牌都是一小塊平台，而裡面是天使、精靈與惡魔的熱鬧世界。好幾世紀以來，各種特立獨行的賢人（明顯很閒的人）沉迷於辨識這些靈性生物，記錄其跡象及收錄成冊，並藉著過度注重細節的狂熱心態，將它們依照元素、行星、黃道星座、占星及其他傳統對應來進行分類。然後，他們採行貧民區公寓大樓房東的粗魯無禮態度，

2.至聖所工匠團（Builders of the Adytum, B.O.T.A）係由保羅・佛斯特・凱斯（Paul Foster Case，1884-1954）所創，係位於美國加州符合免稅資格的非營利性宗教組織。

3.自從1970年代早期開始，就有許多出版社出版《托特塔羅牌》。

4. Lon and Constance DuQuette, *Tarot of Ceremonial Magick: A Pictorial Syntheses of Three Great Pillars of Magick (Astrology, Enochian Magick, Goetia)*. Originally published by U.S. Games Systems, Inc., 1994. Newest edition by Thelesis Aura, 2010.

將這些靈性存在一一擠進各自在宇宙靈性階層的合適位置——那是參考及交叉參考大量古今對應表單、圖示與圖表所得到的結果。這資訊原本一直係由塔羅牌的架構予以暗喻，但是，直到我設計出自己的套牌之前，這項資訊（或至少是這資訊的一些重要特徵）從來不會在塔羅套牌明顯表現出來。我那時想要做出來的新卡，是具有占星學及兩類最廣為習修的魔法（以諾魔法 Enochian magick[5] 與《召魔書》Goetia[6]）之相關資訊——結果我真的做出來了，首先是畫在記事卡片上的粗糙手繪，用來啟發週一晚間的魔法課程學員；之後則是花大把力氣得以出版的牌卡。在初版套牌要銷到世界各地的幾週之前，我運用祈請、召喚或其他能啟動那些住在牌卡裡面的靈性存在之方式，盡自己所能地以魔法的形式為牌卡加持。如果你有空的話，我想要告訴你這是怎麼做到的。

那天下午，我打開 UPS 快遞公司送來的包裹並拿出第一盒自己做的塔羅牌，真是我有生以來最奇幻的片刻之一。這個計畫從設計到具現總共花了五年的時間。噢～我真享受那個片刻！我坐在家中自己最常坐也最舒適的椅子，拿起牌盒在我手上反覆端詳，然後閉上眼睛將它湊近鼻子，吸嗅那由塑膠、油墨與樹脂混合而成的奇異香氣。我努力在腦海中想像，此刻在遙遠的比利時，某個工廠正在印刷、切割與包裝這些牌卡，也試圖想像總共一萬盒牌卡堆成金字塔的模樣。不過，我在意圖打開那個第一盒牌卡時，感到自己非常不願意撕去那層塑膠薄膜，它將那盒牌卡包成一個完美的「童貞」（virgin）存在。

我問自己：「為何不能開盒呢？」

即使我在心智層次將這問題發送出去，傳回來的答案也只是同樣的思想波而已[7]。

一整套的塔羅牌是美妙的事物。根據傳統，塔羅牌的設計、組織及安排旨在完美反映那創造天地之間的萬物並予以維持的宇宙原則[8]。塔羅是望遠鏡，我們可以用它來觀看神的偉大巨觀宇宙世界，而它也是顯微鏡，我們可以用它來仔細分析自然及個人靈魂的至微祕密。不過，除非我們能以某種方式——智性也好、直覺也好——察覺這份屬於卡巴拉的完美，不然塔羅就只是一套七十八張印刷精美的紙卡而已。

---

5. 以諾魔法是在十六世紀後期由約翰．迪伊博士（Dr. John Dee）及愛德華．凱爾雷（Edward Kelley）所創的魔法系統。這個複雜系統的一些面向係由十九世紀後期的金色黎明赫密士教團的大師、後由阿列斯特．克勞利予以擴展。請參考敝人另一著作《以諾異象魔法：關於約翰．迪伊博士及愛德華．凱爾雷的魔法之介紹與實修指引》（Enochian Vision Magick—An Introduction and Practical Guide to the Magick of Dr. John Dee and Edward Kelley, York Beach, ME: Weiser Books, 2008）。
6. *DuQuette, Tarot of Ceremonial Magick.*
7. 這是靈界溝通常見的特有現象。參見第十三章。
8. 無論是否真有其事，在歷經數世紀的進化之後，當前的標準塔羅套牌架構已成為完美反映卡巴拉基礎原則的象徵。

我坐在那張大椅子上發楞，了解到這是個稀有的魔法片刻——牌卡還要過幾週才會上架開賣，人們還要過幾週才會摸到實體、欣賞圖像。於是在這黃金時刻，我手上這副牌卡就是童貞「母牌」（mother deck）——童貞「父牌」（father deck）——是我在未來印製並賣出的一切《儀式魔法塔羅牌》套牌之完美無瑕的「原型」。

就魔法師而言，這是一生僅有一次的機會，亦即我有機會用潛藏在所有塔羅套牌的力量與屬性為這副母牌進行加持與調校。魔法的傳統指出每張塔羅牌卡都有著靈性力量、神的面向、大天使、天使、智性與精靈，而我有機會確實祈請它們全部降臨（並召喚它們全部進入）這副牌卡。

我有機會——不，我有責任用魔法的方式為這副牌卡加持，因為從來沒有任何塔羅套牌得到加持過，並且藉由進行此事，將此次加持傳遞到這副套牌在全世界的複製後代！

（也許你這時會聽見瘋狂科學家的笑聲「嗚哇～哈哈哈哈哈！」吧？）

這明顯是個大工程，需要好幾個小時、甚至好幾天才能完成，所要運用到的知識與技能，應該只有瘋狂、自戀、執著（而且閒到不行）的魔法師才有可能累積到那樣的程度。康斯坦絲那時回去內布拉斯加州的老家省親，所以我可以自由運用整棟房屋。

眼前有三天週末假期……當然啦，最重要的是——我剛好就是那個可以做這件事的瘋狂、自戀、執著的魔法師！

我馬上動了起來，把電話的線路拔掉，接著沐浴、換上乾淨的黑色運動長褲與白色短袖圓領套頭衫（巫師需要保持自己的乾淨與舒適！），然後將位於客廳中央的家具搬走，留出空位。「如果康斯坦絲知道我現正做什麼的話，她會把我殺了！啊～不過她要等到從內布拉斯加回來之後才會知道。嗚哇～哈哈哈哈哈！」這個空間在未來兩天會是我的聖殿。

我比較是那種全憑經驗進行的魔法師，然而我也絕對不會錯過某些魔法方程式，還會把它們納進自己的操作裡面。而在這些考量當中，最為崇高神聖的部分即是在魔法操作之前所做的準備。我那時已經完成第一項先決條件，就是洗澡並穿上乾淨的衣物，接下來該是為我打算進行操作的區域做類似的事情。

我用吸塵機徹底清理客廳的地毯，然後進行更加正式的儀式。首先，我用聖油（亞伯拉梅林之油 Oil of Abramelin[9]）膏抹自己的頭頂，然後為這個聖殿進行標準的五芒星

9. 許多魔法師認為亞伯拉梅林之油是最神聖、最有力的魔法油品。它的名稱最早出現在猶太人亞伯拉罕（Abraham the Jew）於一四五八所著的《魔法師亞伯拉梅林的神聖魔法》（The Sacred Magic of Abramelin the Mage）。它主要係由純的肉桂油、橄欖油與少量沒藥油及高良薑（galangal）油所組成。

及六芒星驅逐儀式，其目的是完全清除元素與行星的影響力量。從那一刻開始，這地方會有一段時間處在魔法真空的狀態，能夠進來這個神聖空間的魔法力量只會是我特別允許進來的那些力量。

接下來則是用水為聖殿「淨化」。這方面其實有很多複雜的儀式可以用，但我就是衝到廚房，拿起心愛的咖啡杯[10]裝滿自來水，再將右手食指伸進杯中水裡攪動一陣子。看呀！我已經做出自己的聖水了。（身為得到正式按立的主教[11]，我可以這麼做喔。）回到客廳，我向房間地板的東方、南方、西方與北方以水灑淨，並在每個方向即興說出：「我以水淨化這聖殿。」

接下來則是用火「聖化」聖殿。我從火爐上面的平台拿下一根獻願蠟燭、將它點燃，像前述的動作那樣走到房間的每個方向，一邊拿著燭火在空中劃出等臂十字，一邊說出：「我以火聖化這聖殿，並將這空間奉獻給這次魔法操作的目的。」

好了，我差不多可以進行操作——但是要操作什麼呢？全身乾淨、穿著舒適衣物的我，就站在我的客廳聖殿裡面，那是舒適乾淨、空無一物的宇宙。我現在需要向自己，以及這個魔法宇宙，宣告自己到底要來這裡進行何事，所以我得要把自己的魔法意願形諸文字，得要說出我的「誓言」。我一把抓起自己的魔法日誌跟一枝筆，迅速創作一段誓言，納進此次操作的魔法意願。我在香爐裡面燃起幾塊煤炭，將純乳香覆於其上。而我的九十三字*誓言將會隨著甜美香氣升上諸天：

我，阿迪歐·颯特·貝尼（Adeo Sat Bene）[12]，向宇宙至高無上的「那個」宣誓，我將以自己在這宇宙中能夠召出及予以固定的每個靈性存在之力量，加持這副塔羅牌卡及其他現有或未來相同設計的每副牌卡。祈願這些處在牌卡中的靈性存在，能專門在開悟及靈性健康、身心安適方面為所有接觸這些牌卡的人們提供協助的服務。就讓此誓此願如是具現！

一一完成驅逐、淨化與宣誓之後，我開始進行主要的魔法操作。我打算從加持塔羅牌的小阿卡納（Lesser Arcana）開始進行，也就是四張王牌（Ace，權杖牌組Wands、

10. 想想看，對一個嗜飲咖啡的人來說，還有什麼魔法容器能比自己的咖啡杯更加私密、更加神聖、更加實際的呢？
11. 參見第十三章與附錄二。
12. Adeo Sat Bene 是我的「魔法名」(magical motto)，其字面是拉丁文「目前還算順利」(so far so good)的意思。
＊譯註：原文字數

聖杯牌組 Cups、寶劍牌組 Swords 與星盤牌組 DiskS 各有一張）、十六張宮廷牌（Court Cards，每個牌組各有四張，即騎士 Knight、王后 Queen、王子 Prince、公主 Princess 各一張），以及三十六張小牌（Small Cards、pips，即每個牌組的數字二到數字十）。

我在地板中央組合幾個用於複雜魔法的工具，均與約翰．迪伊博士的以諾魔法有關。這次操作會用到該魔法系統的四張元素表板（Elemental Tablets）以及掌管元素板的小小一張聯合表板（Tablet of Union）。這些表板及其創造方式直接關聯到這套塔羅牌的架構與組織，因此它們會是我的魔法操作當中完美，業已聖化且最為重要的事物。

本書的空間並不足以讓我詳盡解釋這些以諾表板在魔法的重要性。不過，為了使完全不熟以諾魔法的讀者們在故事講到這部分時也能多少了解意思，我至少得要指出該系統的幾個重要特性——特別是現代以諾魔法師所稱的「元素表板」。它們總共有四張，分別對應火、水、風及土。每張元素表板都是一張平板上繪製長十二格乘以寬十三格的一五六個方格或平頂金字塔*。每個金字塔都會寫有一個字母，係某位元素天使的名稱以單個字母呈現的形式。若把它與同一表板的其他一、二、三個或多個字母組合起來，就會出現更大、更複雜的天使，其數量近乎無限，從而形成元素天使的詳盡階級系統（而且極度符合邏輯）。這個雅緻的系統真是令人歎為觀止，而且可以是終生研究的主題。

這系統與這套塔羅牌的赫密士架構完全一致。四張元素表板等同塔羅牌的四張王牌，例如若把權杖王牌拿到魔法顯微鏡底下檢視，就會看到整張火之以諾元素表板，還有許多天使依現存的階級系統居住在那裡面；如果對聖杯王牌做同樣的事情，就會看到水之元素表板；換成寶劍王牌就會看到風之元素表板，而換成星盤王牌就會看到地之元素表板。

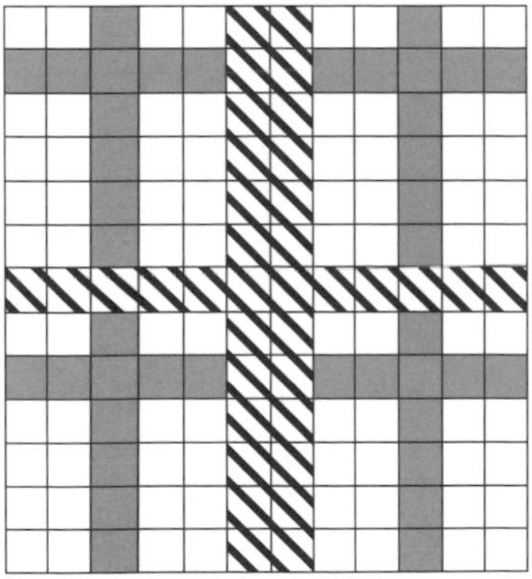

每張元素表板都各自對應到一張塔羅王牌。

---

13. 不過我對這主題已寫出非常棒的介紹，就老王賣瓜地鼓勵大家去讀一讀。*Enochian Vision Magick—An Introduction and Practical Guide to the Magick of Dr. John Dee & Edward Kelley*（York Beach, ME: Weiser Books, 2008）。

＊譯註：這裡係指從平頂金字塔正上方往下看的模樣，就像把「回」這個字的內外四角各自劃線相連那樣。

每張以諾元素表板裡面會有一個由二條直行及一條橫列構成的十字，而這個係由三十六個具有字母的方格所構成的十字（到後面會解釋），則將表板續分為相同大小的四個象限，各自配賦四元素當中的一種。例如，火之表板裡面會有屬於火的象限（火中火）、屬於水的象限（火中水）、屬於風的象限（火中風）以及屬於地的象限（火中地）。水、風及土之元素表板也有同樣的切分方式。

這些由四張元素表板續分出來的較小象限（subquarter，通常稱為「分角」subangle）係對應到塔羅牌的十六張宮廷牌。就其對應的牌組而言，騎士牌是該牌組的熱火面向、王后牌則是其流水面向、王子牌是其疾風面向，而公主牌是其大地面向。[14]

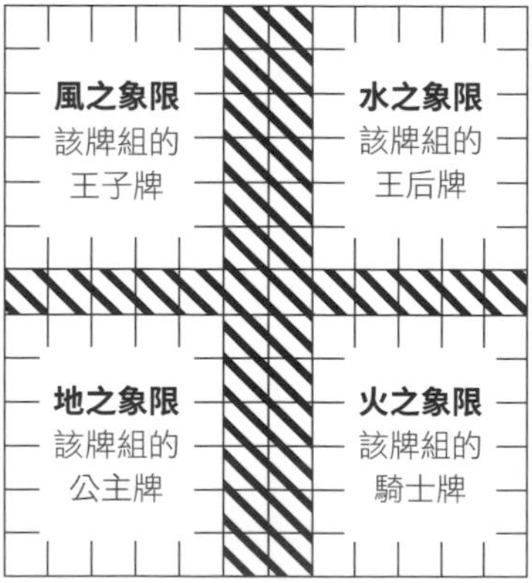

每張元素表板都分成四個較小的元素象限，分別對應每個塔羅牌組的四張宮廷牌。

例如：將權杖騎士（火中火）放在魔法顯微鏡下檢視，就會看到火之元素表板的火之象限以及所有住在那裡的以諾天使。若換成星盤王后（地中水）放在魔法顯微鏡下檢視，就會看到地之元素表板（對應星盤王牌）的水之象限。我想你應該開始懂了。

剩下的小阿卡納牌卡就是三十六張小牌，也就是四個塔羅牌組各自的數字二到數字十。小牌也有豐富的傳統精靈、天使與惡魔，多以清楚的階級家族來歸類，係由它們在黃道星座及黃道年的位置來決定。

【注意！如果以諾魔法的這些技術性討論快要使你睡著的話——趕快清醒過來！後面的內容會很不錯！】

三十六張小牌的每一張都代表整個黃道的其中十度，而每一牌組的小牌會涵蓋三個星座：

◆ 權杖牌組的九張小牌一般會住在黃道的三個火象星座，即牡羊座、獅子座及射手座。

---

14. 其他常見的塔羅牌對應火、水、風、地的宮廷牌分別為國王（King）、王后（Queen）、騎士（Knight）、侍從（Page）。（譯註：作者所用的塔羅宮廷牌係「托特牌」的架構，一般常見的塔羅宮廷牌大多使用「偉特牌」的架構。）

◆聖杯牌組的九張小牌則住在三個水象星座，即巨蟹座、天蠍座及雙魚座。

◆寶劍牌組的九張小牌則住在三個風象星座，即天秤座、水瓶座及雙子座。

◆星盤牌組的九張小牌則住在三個土象星座，即摩羯座、金牛座及處女座。

這三十六張小牌就從牡羊座0度開始，依照優雅、簡單、完美的順序2-3-4-5-6-7-8-9-10、2-3-4-5-6-7-8-9-10、2-3-4-5-6-7-8-9-10、2-3-4-5-6-7-8-9-10，排完整個黃道。

◆這四個牌組當中數字二、三、四的小牌會待在黃道的「基本」（cardinal）星座，即牡羊座、巨蟹座、天秤座及摩羯座。

2,3,4	5,6,7	8,9,10	2,3,4	5,6,7	8,9,10
權杖	星盤	寶劍	聖杯	權杖	星盤
牡羊	金牛	雙子	巨蟹	獅子	處女

2,3,4	5,6,7	8,9,10	2,3,4	5,6,7	8,9,10
寶劍	聖杯	權杖	星盤	寶劍	聖杯
天秤	天蠍	射手	摩羯	水瓶	雙魚

從左到右，三十六張小卡依序排滿整個黃道年。

					2	8					
					3	9					
					4	10					
					2	8					
					3	9					
					4	10					
5	6	7	5	6	7	5	6	7	5	6	7
					2	8					
					3	9					
					4	10					
					2	8					
					3	9					
					4	10					

每張元素表板的大十字所具有的三十六個方格，對應到塔羅牌的三十六張小牌。

◆這四個牌組當中數字五、六、七的小牌會待在黃道的「固定」（fixed）星座，即獅子座、天蠍座、水瓶座及金牛座。

◆這四個牌組當中數字八、九、十的小牌會待在黃道的「變動」（mutable）星座，即射手座、雙魚座、雙子座及處女座。

每張元素表板裡面以三十六個方格構成的大十字（Great Cross），則對應到三十六張小卡，即四牌組各自的數字二至數字十的牌。數字二、三、四的小卡（即代表四個基本星座各三十度範圍的牌卡）總是位在大十字的左直行；數字五、六、七的小卡（即代表四個固定星座各三十度範圍的牌卡）總是位在大十字的橫列；數字八、九、十的小卡（即代表四個變動星座各三十度範圍的牌卡）總是位在大十字的右直行。不過，這些小卡在四張元素表版各自大十字對應行列的排序，都會有所不同。

聯合表板就像是四張元素表板的主管理者或主目錄，裡面只有二十個寫有字母的方格（長五格乘以寬四格）。喔～這些方格真是了不起，因為它們涵括整個元素的墨西哥辣肉餡玉米捲餅（enchilada＊）。

以上是對於以諾魔法如何看待元素世界的基本介紹，藉此你將能稍微理解我等一下要開始進行的魔法瘋狂之事所使用的方法。

我把那副未開封的塔羅排放在聯合表板上，它就像一位躺在犧牲祭壇上面迷你尺寸的小童貞女，然後我進行簡短的洗禮儀式，並在過程中正式命名這副牌為「儀式魔法塔羅牌」。我打開這盒子，將裡面的白色小

	靈 王牌	風 王子	水 王后	地 公主	火 騎士
風 寶劍	E	X	A	R	P
水 聖杯	H	C	O	M	A
地 星盤	N	A	N	T	A
火 權杖	B	I	T	O	M

聯合表板（Tablet of Union）

手冊跟封起來的塔羅牌輕輕倒出來，再用拇指的指甲拆下透明的塑膠封膜，把牌拿出來。它們聞起來很棒！我把二十二張大牌（大阿卡納[15]）與五十六張小阿卡納[16]分開，並準備從小阿卡納的加持開始進行。

我把四張王牌各自放在對應元素表板的中央，即權杖王牌放在火之表板、聖杯王牌放在水之表板、寶劍王牌放在風之表板、星盤王牌放在地之表板。這些上面寫有字母的表板，事實上含括無數以諾元素天使與精靈的名字，而我這副牌的王牌會把這些元素表板重現出來。

我接著將十六張宮廷牌放在四張元素表板各自對應的分角。而這些具有字母的分角

---

15. 塔羅牌的二十二張大阿卡納會對應到希伯來文字母表的二十二個字母，通常會以「大牌」（Trump）稱之，這也是絕大多數人在聽到塔羅一詞時會想到的牌卡。《儀式魔法塔羅牌》的大牌按其編號0-21的順序則是：愚者、魔法師、女祭司長、女帝、皇帝、教皇、戀人、戰車、調整、隱者、命運、慾望、吊人、死亡、藝術、惡魔、塔、星星、月亮、太陽、永恆、宇宙。

16. 塔羅牌的五十六張小阿卡納分成四組元素套牌：權杖為火、聖杯為水、寶劍為風、星盤為地。每一元素套牌有一張「王牌」（Ace），統管對應的整副元素套牌，其餘的四張「宮廷牌」（Court Card，即騎士、王后、王子與公主）及九張「小牌」（Small Card，即數字二到數字十），其實均「活」在對應的王牌裡面。一副完整的塔羅牌會有二十二張大牌、四張王牌、十六張宮廷牌及三十六張小牌。

＊譯註：這裡應是從「有很多料的菜餚」來比喻「各式各樣的內容」

裡面各自有著特定的精靈階級體制，所以我這副牌的宮廷牌也會重現這些分角的繽紛細節。

最後，我把三十六張小牌以一張元素表板分到九張的方式，將它們放在每張表板的大十字對應區域，所以我這副牌的小牌也會重現這些個別的方格。

我以傳統上為金色黎明會所用、具有四部分的「瞭望塔開啟」（Opening by Watchtower）儀式來開啟聖殿。然後有系統地藉由祈請四張元素表板各自的神之偉大三密名（Three Great Secret Names of God）及七位行星長者（Senior）以啟動這些表板*。然後，我用以諾天使語言誦唸「首十八道呼請」（the first eighteen Calls）。我誦唸這些呼請已有多年，然而從沒全部一次唸過。這樣的感覺很奇怪，使我進入某種意識轉變狀態，會隨這兩天兩夜的儀式進展而逐漸增強。

等到我完整啟動那些元素表板，時已半夜。我沒作驅逐儀式就直接上床睡覺，好讓那五十六張小阿卡納放在元素表板上「煎」一整個晚上。到了早上（週六），在繼續進行魔法之前，我在自己的日誌寫下其餘要進行的馬拉松儀式之概要。當時還有很多以諾魔法的操作等著我去完成。像是那十六張宮廷牌，我得要呼請它們各自的三位主要天使（即各個分角的「骷髏地十字」Calvary Cross所顯示的兩個「神之名」，及位於其橫列上方的「基路伯」Kerub），以及四位次要天使（即各個分角的「骷髏地十字」橫列下方之四個「侍者」servitor）。由於元素表板均已在前晚啟動，所以這步驟不到九十分鐘就已完成。

在這之後，儀式就變成經典的卡巴拉形式。我呼請「神之分名」（Shemhamphorash）的七十二位天使進入這副套牌的小牌之中，而它們的名字也有顯示在牌卡上。這步驟所需要的時間出乎意料地長，因為我得先把那些牌擺出來，並按順序依次唸誦每個天使的名字及傳統上表現每個特定天使的配賦職責之舊約〈詩篇〉章節。（噢～這些卡巴拉神祕家真是喜愛他們的〈詩篇〉！）

接著，我轉而專注在召喚《召魔書》的七十二位精靈進入小牌，它們的名字與印記係成對地分別顯示在那三十六張小牌上。《召魔書》的精靈在傳統上被歸類為墮天使（fallen angel），而且它們可以是一群蠻橫的傢伙。它們「本身」並不邪惡，只不過是

---

*譯註：這些名字都在元素表板的大十字上，其字母須按特定順序讀取。

Month	Days of the year	Zodiac Sign	Archangel	Angel	Lord by Day	Lord by Night	Angel of the Decans	Decan	72 Angels of the Shem ha-Mephorash	Quinairy ruled by Angel of the Shem ha-Mephorash	Tarot Suit	Tarot Small Card	Title of Small Card	Day or Night Demon	72 Demons of the Goetia	Qliphotic Genius	Order of the Qliphoth
JUNE	Jun 21 July 1	**CANCER** Cardinal Water	Muriel	Pakiel	Raadar	Akel	Mathravash	0°-10°	Eiael	0° to 5°	**CUPS**	**2**	**LOVE**	DAY	BUER	Characith	SHICHIRIRON Black Ones
									Habuiah	5° to 10°				NIGHT	BIFRONS		
	July 2-11						Rahadetz	10°-20°	Rochel	10° to 15°		**3**	**ABUNDANCE**	DAY	GUSION		
									Iibamiah	15° to 20°				NIGHT	VUAL		
JULY	July 12-21						Alinkir	20°-30°	Haiaiel	20° to 25°		**4**	**BLENDED PLEASURE**	DAY	SITRI		
									Mumiah	25° to 30°				NIGHT	HAAGENTI		
AUGUST	July 22 Aug 1	**LEO** Fixed Fire	Verkiel	Sharatiel	Sanahem	Zalbarhith	Losanahar	0°-10°	Vehuiah	0° to 5°	**WANDS**	**5**	**STRIFE**	DAY	BELETH	Temphioth	SHALHEBIRON Flaming Ones
									Ieliel	5° to 10°				NIGHT	CROCELL		
	Aug 2-11						Zachi	10°-20°	Sitael	10° to 15°		**6**	**VICTORY**	DAY	LERAIE		
									Elemiah	15° to 20°				NIGHT	FURCAS		
	Aug 12-22						Sahiber	20°-30°	Mahashiah	20° to 25°		**7**	**VALOUR**	DAY	ELIGOS		
									Lelahel	25° to 30°				NIGHT	BALAM		
SEPTEMBER	Aug 23 Sep 1	**VIRGO** Mutable Earth	Hamaliel	Shelathiel	Laslara	Sasia	Ananaurah	0°-10°	Aehaiah	0° to 5°	**DISKS**	**8**	**PRUDENCE**	DAY	ZEPAR	Yamatu	TZAPHIRIRON Scratchers
									Cahethel	5° to 10°				NIGHT	ALLOCES		
	Sep 2-11						Rayadyah	10°-20°	Haziel	10° to 15°		**9**	**MATERIAL GAIN**	DAY	BOTIS		
									Aladiah	15° to 20°				NIGHT	CAMIO		
	Sep 12-22						Mishpar	20°-30°	Lauiah	20° to 25°		**10**	**WEALTH**	DAY	BATHIN		
									Hahiah	25° to 30°				NIGHT	MURMUR		
OCTOBER	Sep 23 Oct 2	**LIBRA** Cardinal Air	Zuriel	Chedeqiel	Thergebon	Achodraon	Tarasni	0°-10°	Ieiazel	0° to 5°	**SWORDS**	**2**	**PEACE RESTORED**	DAY	SALLOS	Lafcursiax	ABIRIRON Clayish Ones
									Mebahel	5° to 10°				NIGHT	OROBAS		
	Oct 3-12						Saharnatz	10°-20°	Hariel	10° to 15°		**3**	**SORROW**	DAY	PURSON		
									Hakamiah	15° to 20°				NIGHT	GREMORY		
	Oct 13-22						Shachdar	20°-30°	Leviah	20° to 25°		**4**	**REST FROM STRIFE**	DAY	MARAX		
									Caliel	25° to 30°				NIGHT	OSÉ		
NOVEMBER	Oct 23 Nov 1	**SCORPIO** Fixed Water	Barkiel	Saitzel	Bethchon	Sahaqnab	Kamotz	0°-10°	Leuuiah	0° to 5°	**CUPS**	**5**	**LOSS IN PLEASURE**	DAY	IPOS	Niantiel	NECHESHTHIRON Brazen Ones
									Pahliah	5° to 10°				NIGHT	AMY		
	Nov 2-11						Nundohar	10°-20°	Nelchael	10° to 15°		**6**	**PLEASURE**	DAY	AIM		
									Ieiaiel	15° to 20°				NIGHT	ORIAS		
	Nov 13-22						Uthrodiel	20°-30°	Melahel	20° to 25°		**7**	**ILLUSIONARY SUCCESS**	DAY	NABERIUS		
									Hahuiah	25° to 30°				NIGHT	VAPULA		
DECEMBER	Nov 23 Dec 2	**SAGITTARIUS** Mutable Fire	Advakiel	Saritiel	Ahoz	Lebarmim	Mishrath	0°-10°	Nithhaiah	0° to 5°	**WANDS**	**8**	**SWIFTNESS**	DAY	GLASYA-LABOLAS	Saksaksalim	NACHASHIRON Snakey Ones
									Haaiah	5° to 10°				NIGHT	ZAGAN		
	Dec 3-12						Vehrin	10°-20°	Ieathel	10° to 15°		**9**	**GREAT STRENGTH**	DAY	BUNÉ		
									Sahiiah	15° to 20°				NIGHT	VALAC		
	Dec 13-21						Aboha	20°-30°	Reiiel	20° to 25°		**10**	**OPPRESSION**	DAY	RONOVÉ		
									Amael	25° to 30°				NIGHT	ANDRAS		
JANUARY	Dec 22-30	**CAPRICORN** Cardinal Earth	Hanael	Sameqiel	Sandali	Aloyar	Misnin	0°-10°	Lecabel	0° to 5°	**DISKS**	**2**	**HARMONIOUS CHANGE**	DAY	BERITH	A'ano'nin	DAGDAGIRON Fishy Ones
									Vasariah	5° to 10°				NIGHT	HAURES		
	Dec 31 Jan 9						Yasyasyah	10°-20°	Iehuiah	10° to 15°		**3**	**MATERIAL WORKS**	DAY	ASTAROTH		
									Lehahiah	15° to 20°				NIGHT	ANDREALPHUS		
	Jan 10-19						Yasgedibarodiel	20°-30°	Chavakiah	20° to 25°		**4**	**EARTHLY POWER**	DAY	FORNEUS		
									Monadel	25° to 30°				NIGHT	CIMEIES		
FEBRUARY	Jan 20-29	**AQUARIUS** Fixed Air	Kambriel	Tzakmiqiel	Athor	Polayan	Saspam	0°-10°	Aniel	0° to 5°	**SWORDS**	**5**	**DEFEAT**	DAY	FORAS	Hemethterith	BAHIMIRON Beastial Ones
									Haamiah	5° to 10°				NIGHT	AMDUSIAS		
	Jan 30 Feb 8						Abdaron	10°-20°	Rehael	10° to 15°		**6**	**EARNED SUCCESS**	DAY	ASMODAY		
									Ihiazel	15° to 20°				NIGHT	BELIAL		
	Feb 9-18						Gerodiel	20°-30°	Hahahel	20° to 25°		**7**	**UNSTABLE EFFORT**	DAY	GÄAP		
									Michael	25° to 30°				NIGHT	DECARBIA		
MARCH	Feb 19-28	**PISCES** Mutable Water	Amnitziel	Vakabiel	Ramara	Nathdorinel	Bihelami	0°-10°	Vevaliah	0° to 5°	**CUPS**	**8**	**ABANDONED SUCCESS**	DAY	FURFUR	Quilelfi	NASHIMIRON Malignant Women
									Ielahiah	5° to 10°				NIGHT	SEERE		
	Mar 1-10						Avron	10°-20°	Saliah	10° to 15°		**9**	**MATERIAL HAPPINESS**	DAY	MARCHOSIAS		
									Ariel	15° to 20°				NIGHT	DANTALION		
	Mar 11-20						Satrip	20°-30°	Asaliah	20° to 25°		**10**	**PREFECTED SUCCESS**	DAY	STOLAS		
									Mihael	25° to 30°				NIGHT	ANDROMALIUS		
APRIL	Mar 21-30	**ARIES** Cardinal Fire	Malkidiel	Sharhiel	Sateraton	Sapatavi	Zazer	0°-10°	Vehuel	0° to 5°	**WANDS**	**2**	**DOMINION**	DAY	BAEL	Tzuflifu	BEIRIRON The Herd
									Daniel	5° to 10°				NIGHT	PHENEX		
	Mar 31 Apr. 10						Behahemi	10°-20°	Heahaziah	10° to 15°		**3**	**ESTABLISHED STRENGTH**	DAY	AGARES		
									Amamiah	15° to 20°				NIGHT	HALPHAS		
	Apr 11-20						Satander	20°-30°	Nanael	20° to 25°		**4**	**PERFECTED WORK**	DAY	VASSAGO		
									Nithael	25° to 30°				NIGHT	MALPHAS		
MAY	Apr 21-30	**TAURUS** Fixed Earth	Asmodel	Araziel	Raydel	Totath	Kedamidi	0°-10°	Mebahiah	0° to 5°	**DISKS**	**5**	**MATERIAL TROUBLE**	DAY	SAMIGINA	Uriens	ADIMIRON Bloody Ones
									Poiel	5° to 10°				NIGHT	RÄUM		
	May 1-10						Minacharai	10°-20°	Nemamiah	10° to 15°		**6**	**MATERIAL SUCCESS**	DAY	MARBAS		
									Ieilael	15° to 20°				NIGHT	FOCALOR		
	May 11-20						Yakasaganotz	20°-30°	Harahel	20° to 25°		**7**	**SUCCESS UNFULFILLED**	DAY	VALEFOR		
									Mizrael	25° to 30°				NIGHT	VEPAR		
JUNE	May 21-31	**GEMINI** Mutable Air	Ambriel	Sarayel	Sarash	Ogarman	Sagarash	0°-10°	Umabel	0° to 5°	**SWORDS**	**8**	**SHORTENED FORCE**	DAY	AMON	Zamradiel	TZELILIMIRON Clangers
									Iahhel	5° to 10°				NIGHT	SABNOCK		
	Jun 1-10						Shehadani	10°-20°	Annauel	10° to 15°		**9**	**DESPAIR & CRUELTY**	DAY	BARBATOS		
									Mekekiel	15° to 20°				NIGHT	SHAX		
	Jun 11-20						Bethon	20°-30°	Damabiah	20° to 25°		**10**	**RUIN**	DAY	PAIMON		
									Meniel	25° to 30°				NIGHT	VINÉ		

宇宙中負責幹粗活的盲目、失衡力量。就像重型機械那樣，對於未受訓練的操作者來說，它們可以算是危險的事物，但對於經驗老到或相當幸運的操作者來說，它們很有幫助。這些生靈進一步分成三十六個晝靈（day spirit）與三十六個夜靈（night spirit），所以我自然得在白天召喚三十六個晝靈，剩下的三十六個夜靈得在夜晚召喚。

我開始晝靈的召喚，是週六已快要正午的時候。我首先做出此項操作所需的魔法圓及魔法三角。由於三十六張小卡各自都有一位晝靈及一位夜靈寄居其中，所以我將全部三十六張牌在魔法三角裡面排開（但彼此貼得很緊），這樣就不用一一召喚、指派與解散三十六位晝靈的過程中離開魔法圈。而我對於每個精靈都指派同樣的任務：「你會協助、服從並保護我以及任何使用這張牌及其複本的人們。」

即使這已是高度縮略的步驟，也花了將近四小時才完成。我在過程中有休息兩次去喝咖啡以及上廁所，並趕在日落之前完成晝靈的召喚。

我在家裡找到熟酪梨、玉米片以及起司，於是在把廚房弄得超級凌亂之後，就大口嚼起烤起司辣味玉米片（nachos）佐酪梨醬（guacamole）——這是美國加州魔法師在太太出遠門時最愛吃的速食。在把肚子填飽到有點不舒服的程度之後，我播放雷史畢基（Respighi）的《羅馬之松》（The Pines of Rome）管弦樂曲並早點去睡，那是一段比較長的晚間小憩。

我大概在晚上十一點左右起床去淋浴，然後為三十六位夜靈重複同樣的過程，大約在週日早上四點左右完成。我在那時已是眼神狂亂，既愉悅又疲憊，所以後面這三十六位夜靈是我曾召喚過最有禮貌且最配合的蠻橫傢伙。不過，在我撐不住而倒頭就睡之前，還好有剩下一點氣力剛好足夠把牌收回牌盒。

後續的瘋狂夢境超級怪異且有趣，醒來已是週日上午。在悠閒活動一陣子之後，我開車去附近餐廳享受現做的洋蔥貝果，然後再強迫自己回去工作——我當時已經對魔法操作感到相當厭煩。

二十二張大牌會是這整個操作的最後一步。我拿著阿列斯特・克勞利的《777》[17]以及一張列有傳統對應各黃道星座的大天使、天使及反輝耀惡魔的表單坐在客廳地板上，再用所有大牌在自己的周圍排出魔法圈。我先把對應元素的三張大牌——即愚者（Fool）、吊人（Hanged Man）及永恆（Aeon，即偉特牌的「審判」）——放在最靠近我的中心位置，接著在它們的外圍排以對應行星的七張大牌，即魔術師（Magus）、女祭司長（High Priestess）、女帝（Empress）、命運（Fortune，即偉特牌的命運之輪）、塔（Tower）、太陽（Sun）及宇宙（Universe，即偉特牌的世界）。然後在行星大牌的外圍放置對應黃道星座的十二張大牌，即皇帝（Emperor）、教皇（Hierophant）、戀人（Lover）、慾望（Lust，即偉特牌的力量）、隱者（Hermit）、調整（Adjustment，即偉特牌的正義）、死亡（Death）、藝術（Art，即偉特牌的節制）、惡魔（Devil）、星星（Star）與月亮（Moon），這些大牌圍成一個大圓，把我與其他大牌圍在裡面。

然後我在那個大圓的外面再用三十六張小牌圍成更巨大的圓，它大到得把更多家具搬開才放得下去。每張小牌各自代表黃道年（即太陽沿黃道運行一整圈）當中的十度，所以我從權杖二（即牡羊座0～10度）開始，把它放在九點鐘的位置並以逆時針方向依序擺放其他小牌，而最後放置的小牌即是聖杯十（即雙魚座20～30度）。

我最後將塔羅牌的王牌與宮廷牌依其掌管的象限，各自放在那巨圓外面的對應象限。然後我掂著腳尖，小心翼翼地走進塔羅壇城的中央，開始進行最後的魔法勞務。

我一邊參考《777》的對應表，一邊用自己唸起來像在殺人的希伯來語緩慢說出這些元素、行星及黃道星座各自對應的神之名、大天使、天使、精靈與智性。這過程

17. Aleister Crowley, *777 and Other Qabalistic Writings of Aleister Crowley*, revised edition (York Beach, ME: Red Wheel/Weiser Books., 1986).

真的……真的很無聊！說真的，它無聊到引出某種我只能用「隱約、韻律、如電般的狂喜」來形容的意識狀態。（難道卡巴拉通往開悟的關鍵其實是疲勞與無聊嗎？康斯坦絲非常篤定事實就是如此！）

做完之後，我就只是坐在那裡，感受前所未有的全身上下通電感受，而那副塔羅牌也讓我有同樣的感覺。身體疲憊、情緒滿足、心靈狂野，而且瘋狂還不只一點的我，在那時雖已對魔法操作完全厭倦，但在關於魔法的本質方面有了頓悟——我了解到，魔法師能夠引發改變效果的事物只有一個，那就是「魔法師」。沒錯，這些塔羅牌得到加持——但之所以如此的原因，並不是我加持（charge）它們，而是因為我指派（charge）「我自己」進行那長達兩天的瘋狂儀式。

到了週日下午五點，也就是儀式開始至此已過四十八個小時，我做完了。我用顫抖的手指按序排好塔羅牌，並給它們一個大大的吻——那時的我還沒有回神到清楚自己的嘴唇跟宇宙其他部分的分際——然後把這些加持過的牌卡收進它們的盒子。我用力擠出一些能量進行五芒星及六芒星大儀（Greater Rituals of the Pentagram and Hexagram）以釋放聖殿，然後把家具歸位。我沖了個長澡、換好衣服，開車到喜歡的墨西哥餐廳來獎勵自己，把餐廳菜單上面的品項幾乎都點完了，然後讓自己好好醺醉一番。

以上就是事發經過。你或許會義正嚴詞地指出成年人用這種方式來過獨自一人的周末假期實在太蠢了，也許你是對的。

而我對於這樣的過程感到高興嗎？嗯……對，我很高興，這是當然的。世界各地的魔法師與塔羅占卜師對這副塔羅牌都有很棒的回饋，而且還告訴我他們跟這副牌卡一起進行的美妙魔法活動（還有這副牌卡對他們做的美妙魔法影響），而這完全就是我想要發生的事情。

從那時到現在已過了十五年，這副牌已出兩個版本，在全世界合計賣出兩萬套，而我最近換了出版商，看起來這副牌還會在世上待很久。不過，我得承認自己在那場長達四十八小時的魔法瘋狂當中應要多做一件小事，那就是應該做些魔法讓這可惡的傢伙「賣」得更好一些。

第七章

仲夏夜的詛咒

主啊，這些凡人怎這麼傻！

——莎士比亞[1]

詛咒——這真是適合談論低階魔法的主題呢！

詛咒有效嗎？你有被詛咒過嗎？我的意思是真的有被詛咒過，像是被某些自認知道自己在做什麼、毫不掩飾自己對你下咒之事實的人們詛咒過，或是被那些已經準備好主動承擔自身業力責任以慶祝你的悲慘與厄運——也就是使你遭遇種種不幸——的人詛咒過，有這樣的經驗嗎？即使你不相信詛咒的力量，光是想到外頭有人對你的恐懼或厭

1. Puck. A Midsummer *Night's Dream*. Act III, Scene II.

惡，已經強烈到會說自己樂意把一股濃縮的有毒仇恨射線惡意投送到你身上，就會使你感到非常不安。

這就是為什麼在某程度上，你相不相信詛咒都無關緊要。如果有人對你詛咒，而你除了知道此事，且「還對此事感到不舒服」，那麼詛咒至少已在部分運作。你要怎麼處理這樣的事情呢？你要怎麼使詛咒失效，使自己不致深陷詛咒者所編造的有毒瘋狂世界？

以下的故事是關乎誤解、詛咒，以及為了使詛咒失效而依此改造的魔法操作。這個誤解係發生在兩位跟我們的家庭非常親近的朋友之間，他們都是有在實修的魔法師。其中一位是著名的外國電影導演 F.F.（後面就用「福哥」稱之），另一位是當時正為生活掙扎奮鬥的藝術家兼作者 S.A.（後面就用「小薩」稱之）。其中一位到現在還活著，但另一位則已經過世，真是遺憾。為了尊重生者與死者的隱私以及對於他們的思念，我不會揭露他們的身分，不過本書少數讀者可能會認得他們的真正名字。

小薩對於福哥的作品十分著迷，所以在一九八一年的秋天，他說動我與魔法會所幾個具有冒險精神的弟兄姊妹一起去紐約州北部參加電影慶典，福哥屆時會來現場演講並展出自己的幾部影片。在活動結束之後，小薩跟我有機會跟福哥喝一杯並聊上一陣子。我們三個人均是修習一般魔法的學生，且都有學習阿列斯特・克勞利的魔法，所以我們就像遇到同靈魂家族成員那樣相處融洽。在道別之前，我把自己的電話留給福哥，並鼓勵他下次來美國洛杉磯地區時，若在附近的話，可以來我家作客。不過，我做夢都沒想到他真的會兌現我們的約定。

大約一週以後，我接到福哥的電話，他說自己還待在美國，目前跟一位朋友待在聖地牙哥，大概兩天之後就會按照行程去拜訪加州洛杉磯郡的卡塔莉娜島（Catalina Island）。不過，如果我的邀請承諾還有效的話，他會很樂意來我家待到要去那裡的時候，甚至會帶自己的最新影片來我家播放，讓魔法會所的所有會員一同欣賞。這提議真的非常慷慨且體貼，於是我馬上答應下來。

小薩聽到這消息自然興奮到不行，而且他是在電影之夜開始之前最到我家的人們之一。另一個會所成員則衝去附近的購物中心，把店家陳列的福哥所有著作全部買下。於是在那場精采的電影之夜結束之後，每個人都拿著福哥親筆簽名的著作回家，那活動真是相當令人難忘。小薩則和福哥聊到很晚，並在回家之前，提議第二天下午開車載福哥去搭卡塔莉娜的渡輪。福哥也答應了。

我們都對自己有幸能與名人短暫相處感到十分欣喜，而我也樂意地說，福哥到現在仍是杜奎特家庭的親密好友。但令人難過的是，他與小薩的友誼沒維持那麼久。

講到這裡先暫停一下，因為需要跟讀者提醒一件事，那就是身懷巨大才華的藝術家通常會有高度反覆無常的性情，像是容易受驚、無法預料，還有心情多變。此外，他們有時就是無法用自己的藝術媒介來框住內在不斷冒出來的創造能量。於是這創造能量偶會直接暴衝到這世界上，有時會為周遭不知情的人們帶來失序及毀滅性的效應。

在把福哥送去搭船之後，小薩過幾天就收到福哥的來信，那是一封裝飾精美的信件。他興奮地一邊拆信，一邊期待看到福哥給他的感謝函或是令人愉悅的福哥作品。與之相反，他震驚發現裡面是一首詩，雖然編排流暢（而且還用優美的字體書寫），卻是向他施展的惡毒咒語。為甚麼會這樣呢？

事情看來是這樣的：當福哥抵達卡塔莉娜的旅館之後，在打開行李時發現自己的某個藥瓶，原本裝有對他的健康及維持心靈平靜非常重要的處方藥物，結果全被倒光並換成普通的阿斯匹靈。福哥自然十分生氣，但又一意認定我們親愛的小薩就是罪魁禍首，於是他完全無視任何其他可能的解釋，認為這樣的偷盜須接受魔法詛咒的懲罰。

我們自然對這消息全都感到震驚與困惑。而身為招待的主人，我覺得自己應對當時任何在我眼底下發生的事情負起責任。於是我馬上估算那瓶處方藥的價值，寄出足以支應的支票給福哥以彌補重新添補處方藥的損失，並附上一封短信，表示我個人相信小薩應是最不可能擅自亂動他行李的人，也不會對那款特定藥物有興趣，所以我確定這狀況應該還有其他解釋。福哥接受那張支票，並大方地跟我保證他完全沒有怪罪我，然而他仍堅信小薩就是犯人，對他來說事情就是那樣。

小薩被自己貼心著想、特別崇拜的偶像指責做出這樣的事情，他的心自然碎了一地，而這股難過到後來轉成怒意。不過，即使沒做錯任何事，憤怒與挫折使那詛咒對他產生確實的影響，於是他不久就陷入陰暗的抑鬱。雖有進行正規的驅逐儀式，也使用心靈防禦的一般推薦作法，他的精神依然無法振作起來。最後，我建議我們可以嘗試完全不同的做法以使詛咒失效，幫助我們這位弟兄擺脫那股陰鬱。

我個人堅信這整件事要怪在某個「惡魔」身上，不是《召魔書》或《亞伯拉梅林之書》（Book of Abramelin）裡面的惡魔，而是某個屬於「誤會」的精靈（a spirit of misunderstanding）。福哥當時僅是看不清楚，若用比喻來說的話，就是他的眼睛被迷惑了。而在重新審視那張用來書寫詛咒的信紙時，我的腦海就明顯浮現出某個魔法解套方式。

然而在進入那部分之前，我需要分享一點關於福哥的非凡人生及魔法世界之資料，好使你能看得懂我們用來破除詛咒的小小儀式之各種細節的意義。福哥與電影產業的關係是從好久以前的有聲電影（sound pictures）時代開始的，事實上，他年輕的時候有在馬克斯．萊因哈特（Max Reinhardt）於一九三五年執導的傑出電影《仲夏夜之夢》（A Midsummer Night' s Dream）[2]演出，那是第一部以有聲電影呈現的莎士比亞劇作。由於參與這部經典電影的製作，他那生動的想像力就此燃起，導致他那當時年幼的心靈對電影藝術與魔法的主題產生熱愛且為此著迷。《仲夏夜之夢》的世界變成他居住的魔法實相，而他個人也會終生認同這實相的魔法。就連他向可憐的小薩施展的詛咒，也是寫在飾有美麗且古怪的《仲夏夜之夢》眾仙靈圖樣的客製信紙上。而那張紙上的最大圖像就是帕克（Puck），即協助仙王奧伯隆（Oberon）進行惡作劇的助手。

在那齣劇的情節與圍繞在誤會而導致詛咒的這些事件之間，我看到某些讓人不得不注意的特定平行對應。在那齣劇裡，奧伯隆想要作弄他的仙后泰坦妮亞（Titania），於是等她睡著時，他擠出某植物的汁液並滴在仙后的眼睛，使她會愛上自己醒來時第

2. *A Midsummer Night's Dream*, Warner Brothers, 1935. Directed by William Dieterle and Max Reinhardt (who also produced).

一眼看見的對象。當她醒來時，她望向劇中名為波頓（Bottom）、頭被換成驢頭的小丑（另一場魔法惡作劇的結果），就馬上不由自主地愛上那個怪物，因此發生許多好笑的事情。然而帕克把狀況弄得更加複雜，他趁劇中其他角色睡覺時，把那魔花的汁液塗在他們的眼睛上，所以當他們醒來時也無法正確看清事物。於是事態變得混亂到非常滑稽的程度，誤會不停疊加上去，直到最後奧伯隆與帕克將解藥（另一款植物的汁液）塗在那些受到迷惑的角色之眼睛上，使所有事情終究一一回歸正軌。

當時，每個與我們家親近的友人都對這齣歡樂的戲劇非常熟悉，因為那時的杜奎特家庭會在夏天舉辦名為「仲夏夜之夢」的後院聚會，而且連續舉辦好幾年。我們會先在傍晚集結、分配角色、分派劇本與手電筒，然後就在好友、明月與夏季星空的陪伴下，一邊啜飲美酒、一邊朗誦整部戲劇[3]。

若用某種令人啼笑皆非的倒反觀點來看，這齣戲與小薩承受的詛咒之間的確有著明顯的相似性。「某種東西」——某種力量、情境、錯覺或偏見——迷惑福哥的眼睛，使他發現自己的東西不見時，就會怪罪自己想到的第一個人物，也就是他在踏上卡塔莉娜的渡輪之前最後看到的熟人——小薩。啊～我們真希望能把奧伯隆的解藥塗到福哥的眼睛！當然此事無法在現實進行，不過我們也許可以用魔法做到此事，所以這齣戲劇本身就成為消除詛咒的儀式之藍圖。

莎士比亞很了解植物與藥草在神話與魔法方面的性質，他在自己的劇作與詩詞所提到的植物名稱不下八十種，光是《仲夏夜之夢》就提及二十六種！首先，我想要確認奧伯隆用來迷惑泰坦妮亞及其他人的眼睛之植物，然後找出另一個用來消除詛咒，使每個人再度看得清楚的植物。

在第二幕第一景中，奧伯隆在跟帕克清楚講述那是甚麼植物、為何它有魔力以及可以在哪裡找到的過程中，把第一種植物的資訊告訴了我們。

奧伯隆：我的好帕克，來這裡。我有次坐在海岬上，聽著那靠在海豚背上的美人魚所唱的歌聲，如此婉轉、如此和諧，使得怒濤平靜下來，而有些星辰則為了傾聽這美人魚的音樂，瘋狂地從它們的位置疾落而下，這你還記得吧？

3. 我們的兒子金－保羅在還很年輕的時候，劇中所有小仙子的角色都由他演。等他比較年長的時候，就改演比較偏男性的角色。這對我們所有人都是一段魔法般的溫暖回憶。

帕克：我還記得。

奧伯隆：那時還有一件事，只有我看得見，你看不到。那就是丘比特正在清冷的月亮與大地之間飛翔，用弓瞄準那坐在西方王位的童貞女，並輕巧射出愛情之箭，其勁道似能穿透十萬顆心。但我看著年輕丘比特的炙熱之箭在冷涼純潔的月光中逐漸熄滅，而獻身帝國的女王起身行走，依然保持純真心念、毫無遐想，所以我查看丘比特的箭落在哪裡：

它落在一朵小小的西方花朵上，原是乳白色的它現因愛的創傷變成紫色。而少女們稱它為「徒然的愛」。[4]

我有給你看過它的模樣，把它採來給我。它的汁液若滴在人們睡時的眼皮上，將會使那男人或女人瘋狂愛上自己接下來看見的第一個活物。把它採來給我，在海中巨獸游到三哩遠之前回到這裡。

在莎士比亞的時代，「徒然的愛」（love-in-idleness）是某種紫白相間的歐洲野花之名稱，又稱為「三色堇」（heartsease、Viola tricolor），是現在人工培育的大花三色堇（pansy）之古老祖先。他對於此花的神話來源之描述（因丘比特沒有射中坐在西方王位的童貞女之心），係明顯指稱英國女王伊莉莎白一世（Queen Elizabeth I），她那貞潔之心真的從沒被丘比特之箭穿透過。原本是純白的花朵在「愛的創傷」呈現的紫色，則是在深刻比喻伊莉莎白女王拒絕婚姻的個人歡愉之事實，亦即她原本可以穿上的白色新娘禮服，已被自己為君主政體的皇家紫色所承擔的龐大責任所轉變。說實在的，她等於是嫁給整個英格蘭王國的新娘。

若去深入思索，那種花具有龐大的魔力。丘比特的箭所具有的性之力量，在射出時的勁道「似能夠穿透十萬顆心」，結果沒為那位偉大的女王施展強力的熱戀魔法，反倒把自己所有的愛之魔力灌注到那株在風中不停顫抖的小小花朵。我喜歡這故事！

而另一種花（即奧伯隆用來為泰坦妮亞及其他人解除誤會法術的花朵）之身分，則可以在第四幕第一景看到：

4. 這裡的字體加粗與劃底線是我自己加的。

奧伯隆：不過我還是先為仙后解除魔法。

恢復妳平常的模樣；

（用某種花草觸碰她的眼睛）

換成妳慣有的視野來看：

那能蓋掉丘比特之花的黛安娜花蕾

擁有如此強勢的力量與祝福之力。

現在，我的泰坦妮亞，醒來吧，我的甜美王后。

黛安娜的花蕾（Dian's bud、Artemisia absinthium）則是以貞潔的狩獵女神（這裡又出現一位童真女）為名，是苦艾（absinthe、wormwood）的古稱。它從史前時期就被認為與魔法有關，其綠灰色的羽狀葉片若予以濃縮的話則具有毒性，若給予較少的劑量則有麻醉的效果。這開始聽起來像是嚴肅的藥理學了。

我們的儀式之基本架構將會設計得非常簡單。在做好相應的準備之後，我們會請小薩將名為徒然的愛的植物汁液塗在那寫有詛咒的紙張之特定部位，其中會有福哥的簽名、愛惡作劇的帕克圖像，以及一些明白表現福科暫時無法看清事物的特定語句。

在這之後，當這詛咒已用汁液塗抹並被「誤會」的幻想精靈完全「啟動」時，小薩會將黛安娜花蕾的汁液塗抹那張紙上面剛才塗過的同樣區域，藉此抵銷那個精靈。當然，那些配合整個過程唸誦的咒語，都是從莎士比亞的作品中擷取的適當片段。這整個魔法操作看起來不僅可行，還會有很多樂趣！

我們將魔法聖殿的位置定在世上最美麗的地方之一，那就是位於美國加州聖瑪利諾（San Marino）、占地一四〇英畝的杭亭頓圖書館暨植物園（Huntington Library and Botanical Gardens）。裡面有美麗的莎士比亞花園（Shakespeare Garden），種植莎翁作品有提到的大多數花草與植物——而且它們底下還會有小小的名牌，列出有提到它們的莎翁作品名稱。所以，找出我們要的徒然的愛與黛安娜花蕾並不是問題，但要怎麼瞞過花園管理員來摘採它們呢？「哎呀～這就難啦。」（Ay, there's the rub.）*

當時是個涼爽的週日下午，康斯坦絲、我、小薩與幾位對此感興趣的魔法會所成員，用共乘的方式驅車前往杭亭頓圖書館。不出所料，那地方擠滿了人，但莎士比亞花園幾乎沒人，我們也馬上找到那兩種植物，並迅速摘採、塞滿自己的口袋。在離開

＊譯註：語出《哈姆雷特》。

莎士比亞花園前去環境更加隱密的地方之前，我們在莎士比亞的半身石像前面獻上一點剛才非法摘取的花草，祈請這位永恆的吟遊詩人與我們同在並賜予祝福，畢竟他在這齣戲劇應是扮演神的角色。

而我們所用的祈請詞，即是取自《暴風雨》中，精靈愛莉兒（Ariel）向魔法師普洛斯佩羅（Prospero）的問候：

萬福，尊貴的主人！在下前來
回應您的意願；無論是飛翔、
游泳、縱身跳入火中，
還是騎在捲雲上……[5]

我們接著漫步到睡蓮池塘那裡，並找到安靜的地方，就在某顆巨大木蘭樹的陰影下。我們圍著小薩一起坐下來，以防止他的魔法操作被外人注意。而這個儀式很短也很簡單。小薩用雙手將徒然的愛壓扁，將它前後搓揉到呈現軟爛濕潤的程度，然後塗抹在那張詛咒的前述區域。然後他會一手拿著這張已被塗抹的紙張，一邊唸出奧伯隆的原版「詛咒」。雖然這些字句沒有完全符合我們的境遇，但我們認為它們有相應到目前的狀況。

汝醒來，汝所見，
即當汝之真愛，
為他憂、為她愛。
雪豹、小貓、大熊、
硬毛豬，或豹子，
汝一醒，見即愛。
願汝醒，近醜怪。[6]

然後，小薩拿黛安娜花蕾依樣而行，一邊在那張紙上塗抹解藥，一邊說：

將這花草擠汁，塗在（福哥的）眼睛上。

5. *The Tempest*, Act I, Scene II.
6. *A Midsummer Night's Dream*, Act II, Scene II.

其汁液具有如此美好的性質，
它將移除他所犯的所有錯誤，
使他的眼睛恢復往常的視覺。
當他們醒來，一切好笑蠢事，
會被視為夢境或虛幻的想像。[7]

這樣就完成了。然後我再以帕克的結語來釋放魔法聖殿：

吾等影輩，若拂尊意，
如此思之，全將修還。
即汝熟睡，眾相紛出，
虛妄小事，僅生此夢。
紳士淑女，請勿見笑，
如蒙諒解，定當補還。
誠實為吾，帕克是也，

吾等僥倖，如免責難，
大恩不忘，來日奉還，
如有違背，稱吾騙子。
大家就此，珍重晚安，
吾輩之友，鼓掌不吝，
好人羅賓[*]，不忘復還。[8]

到傍晚還有一些時間，我們就好好欣賞那裡的花園與藝術博物館。小薩說他感覺變好很多。我們有在議論要不要把那張詛咒信燒掉，小薩覺得不要燒掉，堅持要把它留下當作紀念。我們後來才發現，福哥會去詛咒那些他認為有對他做出錯事的人們，已是數年來養成的習慣，而人們大多都認為那是非常好笑的幽默表現，甚至有人因此覺

---

7. *A Midsummer Night's Dream*, Act III, Scene II.
8. *A Midsummer Night's Dream*, Act V, Scene I.
* 譯註：帕克在劇中另名 Robin Goodfellow，這裡取字面之意。

得這種特別待遇真是有趣或榮幸。

我們的仲夏夜之夢的儀式有成功嗎？我想這就見仁見智了。小薩的確不再擔憂那個詛咒，並在後續數年逐漸成為成功的插圖畫家與作家。而他在二十六歲的英年早逝並不像是任何詛咒的結果，最多只能說他在過去所做的一些人生選擇，不幸害到了自己。

至於福哥呢？我們後來（幾乎快要十年以後）經由第三方得知，當時他在聖地牙哥的友人（亦即他來拜訪我們之前與之相處數天的友人）後來承認掉包他的藥物，並稱那原是關心福哥的健康與身心狀態，卻以錯誤的方式做出愚蠢的行為。

仲夏夜的詛咒之故事到此結束。我希望這故事有表現出兩件事，其一是任何能讓魔法師有靈感的資訊源頭，幾乎都能提取出魔法儀式；其二，如果你想要確保「有情成眷屬，完全無差錯；失馬復得馬，一切都不錯[9]」的話，不一定得用直接源自約翰・迪伊、金色黎明會、阿列斯特・克勞利或吉拉德・嘉德納（Gerald Gardner）研究成果的法術儀式。

9. *A Midsummer Night's Dream*, Act III, Scene II.

第八章

星光體投射：靈視旅行（或現實世界的魔法師吃法式鹹派）

我若不是出體（out of body），就是瘋了（out of mind）。

——教士拉梅得．本柯立孚德[1]

我這一生經驗過許多飛翔的夢境，都是相當清晰、細節十分清楚且令人興奮的美夢。當我翱翔在夢中的天空，像飛機那樣下衝、轉彎及傾斜飛行時，會在自己的胃區凹處確實感受到強烈的激昂情緒與緊張。在空中移動的時候，下方的物體會依照我的速度、高度及自然透視的光學定律順從地移入或移出我的視野——如同我在搭機時透過機窗往外看的模樣，只不過少了機窗、少了飛機，那裡只有我一人，將夢中的手臂向前方

1. 摘自作者個人收藏的教士拉梅得．本柯立孚德未出版的作品。

空間伸出，就像超人那樣飛行。那真是美妙的感受，如此自由、如此活力充沛——我希望它永遠別停下來。

你應該也有同樣或類似的經驗，不然就是有從高處跳下（而且沒受傷）或在水中游泳並呼吸的生動夢境，或者也許曾有晚上在家中晃盪，但不太確定自己的腦袋到底是做夢還是醒著的經驗。

如果這一切聽起來熟悉，應該不用跟你說這些片段係屬於做夢經驗的某種獨特類別吧。我認為它們事實上並不是夢，而是通常被稱為「星光體投射」（astral projection）或「出體經驗」（out-of-body experience, OBE）的人類意識自然現象。然而對於此類經驗而言，「星光體投射」真的是個相當模糊且令人誤會的表示方式。星光是啥？那是什麼？這裡的星光是某種東西還是某個地方？我的星光體是我的靈魂嗎？它能算是某種「體」嗎？當我在它裡面四處「旅行」時，是我在投射它嗎？

我們在形而上的對話中時常聽到「星光體」（astral body）、「星光層面」（astral plane）及「星光界」（astral world）等術語，就好像我們是在談論某種漂浮在某些地理位置、具有意識、形狀變幻不定的鬼魂，而不是人類意識的振動頻率（但這才是它們的真面目）。不過說實在的，我們在這些意識振動頻率的冒險經驗，感覺像自己是具有意識、形狀變幻不定、漂浮在某些地理位置的鬼魂，而這感受經常讓人感到不安。

能夠在這較為精微的世界——那處在醒時意識的後面、係為醒時意識之背景的世界——進行思考及運作，其實相當重要，所以對於那些了解此點的魔法師，學習如何在這個奇怪的世界（其他文化與靈性系統也許是用「靈界」稱之）到處移動會特別有幫助。說實在的，如同發明家的非實質靈感是他或她那實質發明事物的根基，這個「世界」也形成物質性存在層面的根基。事實上，任何需要魔法師用心智之眼去看的魔法操作，例如構思某個符號、五芒星、六芒星、某個精靈、某位天使、某個惡魔，或是任何住在某些東西裡面並予以操縱的靈性生命，都是直接在這個所謂的星光次元（astral dimension）進行處理。這種觀看事物靈性本質的能力，古代魔法師稱之為「窺、觀、占」（scrying），而金色黎明會的大師們則稱之為「靈視旅行」（traveling in the spirit vision）。

清明夢（lucid dreaming）則是這種神祕意識現象的另一次元（請原諒這裡的咬文嚼字）。古埃及人相當認真看待進行清明夢的技術，事實上，那以《埃及死者之書》（Egyptian Book of the Dead）為主要教科書的死亡過程之學問，其基礎非常有可能是自主掌控夢中自己及夢中景況之能力。以下是從我為《命運雜誌》二〇〇四年十月號[2]撰

2. Lon Milo DuQuette, "Terrors of the Threshold: Astral Projection & The Egyptian Book of the Dead," FATE Magazine Vol. 57, No. 10, Issue 654.

寫的文章摘錄的短文，該文章旨在嘗試用杜奎特場理論（the DuQuette field theory）來解釋死者之書這個主題。請注意，我的理論所使用的原則，係依據那現已普遍接受的假設，即「心智」（mind）的功能與力量，會超越肉身「頭腦」（brain）的功能與力量。

《埃及死者之書》據稱是由托特神自己寫就的魔法文獻。這本書的主要目的，是讓剛死亡的男人或女人有著可以靠持守自身意識中心來拚搏的機會，亦即將意識中心投射出去並依序通過死亡經驗的各個階段，從而使自己完整抵達較高的存在層次。

其基本概念就是：如果瀕死的人在肉體死亡的同時，能夠保持專注並全神貫注在一系列的特定概念與影像的話，那個人的「我」就能從肉體分離出來並駐留在「心智」之中。說真的，這股被「我」佔據的心智就變成「我」的逃生艙，從它對於逐漸死去的肉身與頭腦的執念當中救了出來。在這過程的每一階段時，死者都需要去認同越來越高層次的心智面向——而這過程旨在不斷創造出越來越精微的新逃生艙，持續拯救那個「我」，直到它終於安全（且完整）被送至眾神的領域。

《埃及死者之書》巧妙組織這趟屬於概念與影像的過程，以符合一層層逐漸提高的意識層次所具有的景象與本質，這就需要死者在死亡之前完美記憶及演練這過程的每個轉接環節。

每一層次都有守門者，死者需要說出它們的名字，迫使它們讓死者通過。那裡的家具也有名字，而死者必須用喋喋不休的話語仔細記憶並辨認其名——其實就是盡量進行任何能夠增進死者信心的事情，使他們的心智十分專注在別的地方，不去注意那股想要跟其他沒受訓練的人那樣允許自己消融在死亡的美妙忘卻之中的誘惑。

在這時候，你也許會問自己：「對於已經接受點化的古埃及王族成員而言，這一切也許還挺不賴的，但這對我有什麼意義呢？我才不要回學校學習如何去死。」而我對這問題的嚴肅回應就是：「真的不要嗎？」

意識會在死亡時與肉體分離——這個概念就跟人類的自我省察概念一樣長久，而任何人只要曾經有過類似前面所述的作夢經驗，都會清楚知道，意識能在睡眠、憂慮或其他異常狀況與肉體分離，而且是真的分開。此外，在這種分離的期間，我們的星光「感官」會調校到差異甚大的實相層次（並予以感知）。

我真的希望自己能夠說我是個技術熟練的星光體投射者，但我不是。噢～我還滿常離體的，而當我到身體外面的時候，在控制自己的移動及改變自己所見的情況都非常熟練。但是我真的很少有意識地啟動這種經驗，而當我這樣做的時候，總是在黃金時刻（即睡覺或小憩的時候），即思緒在那時正開始採用視覺化的夢境形式，但我還仍意識到自己有副肉體睡在真實的床上之事實。而這段時間有個特徵，即那時會有奇怪的噪音，看似不是從我的耳朵聽見，而是從我的腦部中央發出，然後會有強烈的電力流動感覺傳遍全身。那道「流」其實就是我們也許稱作星光體的那個「體」，而我感覺到它的這項事實，就是我的「意識我」準備要進駐它那裡的信號。在那轉換的脆弱片刻，我是被塞在自身肉體的附近，那是不太舒服的狀態。在那一刻，我能夠將自己的意識從「我處在躺於床上的肉體」轉移到「我處在這個滋滋作響的電流身體」。在那時候，我就可以起身、在家裡晃盪（那狀態看到的家總會跟物質層面的家有點不同），或是跳入空中、直接穿過天花板而飛向那壯麗的天空。

我的出體經驗絕大多數都不是由我自己有意開始的，而且是從做夢進入此項經驗。當我於夢境中意識到自己正在作夢時，那時就已出體。我接著意識到自己的景況，並從那裡開始接管一切。當我用魔法的方式誘發而經驗那改變的意識狀態時，也會或多或少有那樣的狀態，例如我會刻意誘發恍惚（trance），以窺入塔羅牌或以諾魔法的表板及方陣。

然而我絕大多數的星光體投射，都是意料之外，當我意識到時就已經在我那睡著打呼的身體外面幾公尺遠晃蕩，而等一下要講的故事就是屬於這類的冒險。我真的希望自己能跟你說這故事裡面有很了不起的魔法教導——也許真的有也說不定——但我最多就是呈現這些經驗的一些奇怪且有趣的特性，期望藉此能夠鼓勵你無懼地開始自己的探索歷程。

然而在開始之前，我需要分享某種常伴隨出體經驗出現的可怖現象，（我相信）這是從遠古以來從宗教觀點發想的一切關於惡魔、魔鬼、幽靈、吸血鬼及地獄的折磨之愚蠢謬論的緣由。這現象也許會被稱作「臨界點的恐懼」（terror of the threshold），然而用來解釋這現象的意識動力學，事實上卻完全不是什麼可怕的東西。我相信事實若以適切的方式來了解的話，就會變得很有趣，而且有時還很好笑。

我在前面有描述古埃及的某個概念，即死者的「我」會在死亡經驗中，從較低的意識層次逐階通過而到較高的意識層次，以及心智在每一新層次會創造新的逃生艙，讓這人的必要部分——「我」——來搭乘。而這些暫時性的運送工具，也是越來越細緻、越來越精微的能量「材料」所構成的「體」。瑜伽文獻將這些體分成「星光體」、「乙太體」（etheric body）、「因業體」（causal body）、「心智體」（mental body）或「情緒體」（emotional body）。這些精微體並不一定只能由正在死去的人創造出來並搭乘出航。說實在的，我們的思想、欲望與情緒，都會在焦慮與狂喜的雲霄飛車所疾駛的軌道中——也就是所謂的日常生活——持續處在創造這類精微體並丟棄之的過程。

如果你清楚這概念，那麼我接下來要告訴你的概念則是，這一切被丟棄的精微體都會在這世上存活一段時間，就像那些在墳場埋下的屍體，其頭髮、指甲、細菌與DNA等部分都仍以實體繼續留存世間一段時間那樣。唯一的差別在於，這些星光屍體，在那股殘留在內的能量完全衰亡時還會繼續「活動」一段時間。而這些星光僵屍，就像我們吃完扔掉的貝殼（shell）或玉米皮（husk），是由最為厚重的能量層次構成，也就是最緩慢、最低層的能量頻率。它們沉入意識之海的最低層次，也就是非常接近物質層面的地方。那裡就是夢與醒時意識之間的邊境地帶，真的算是一座星光墳場。*

當疲憊的我們放鬆下來時，就會很快進入睡眠，並搭上快速電梯直達一些非常高的意識層次，其環境則以比喻的意象呈現出那片讓我們在其中翱翔的夢之天空。不過，如果有某事物一直壓榨我們的心智，並迫使我們緩慢地將那不情不願的星光意識拖出自己的肉身，並開始一步步地從意識大廈的樓梯間往上爬。因此我們最先費力拖步往「上」走的地方，就是「上方之境」的最低處——星光墳場。

古代祕法學派會要求申請加入的人在入門儀式經歷此類戲劇性的恐怖與煎熬，以象徵靈性生活當中的這項令人害怕、但又完全無害的事實。因為這層次如此接近物質層面以及穩固地配合物質層面的醒時時空意識，那些居住在你的臨界點星光墳場的「精微體」，真的就是那些在你附近晃蕩的「精微體」。這就是有如此多的「惡夢」之所以看似都會涵括某種情節，即你要去處理位於附近並嘗試侵犯你的家、你的身體或所愛之人的「壞傢伙」之情節。當我處在星光體投射的「臨界點的恐懼」時，十次中有九次都是在嘗試趕走那些位在附近、企圖侵入我家的惡徒與（那個……請原諒我這政治非常不正確的潛意識）精神錯亂的遊民。然而，在這個意識層面的比喻性實相當中，它們就是如此——無家可歸的精微體，其內在已經沒有某個活生生的「我」來操縱它們，於是它們只是隨著宇宙的滲透作用定律，往具有眾多活物的領域（也就是我家）飄移過來。這些星光僵屍沒有要傷害你的意圖。它們沒有「意圖」，因為它們裡面並沒有一個「我」為它們提供意願。但是，看呀！當你跌跌撞撞地走進它們的世界時，它們可會把你嚇得魂飛魄散。

我在前面有提到自己並不怎麼擅長有意識地進入出體經驗，不過我認為這段話應當

---

*譯註：有涉獵卡巴拉的朋友，應對 shell 或 husk 不陌生，可以查查看在哪個主題。

改成：「我並不怎麼擅長有意識地離開自己的身體，除非我事先狼吞虎嚥太太做的菠菜或綠花椰菜法式鹹派（quiche）到快要不省人事的程度。」

說來真是丟臉，但我得承認，即使敝人的神祕經驗在迷幻的六〇年代已相當豐富、即使在下於地球的六十二年人生當中偶爾會用大量的致幻物質進行實驗、即使我努力用瑜伽呼吸法來控制自己的呼吸以及連續斷食數日、即使敝人用社會可接受的瘋狂程度自言自語地誦唸咒語，並參與某些你絕不會想跟母親描述的魔法儀式，那能把我自己從肉身趕出來的最強烈、最來勁的藥物，仍是太太康斯坦絲的家常綠花椰菜或菠菜法式鹹派。

我得指出，對於任何持有適度的常識與自律的人而言，它不必然是危險料理。然而，它的確挑戰某位具有堅強意志的魔法師之決心，但除非你有確實嗅聞它那美味的香氣、欣賞它那填得滿滿的鬆軟餡料散在又厚又脆、幾乎像是奶油甜酥餅乾的派皮上——除非你真的用叉子舀起那含有奶油的溫熱神仙佳餚，放進自己已經滿是津液的嘴裡，並感受那鮮奶油、奶油、蛋、蔥及混入的肉豆蔻及十幾種香料所形成的躍動靈魂，還有瑞士起司、帕馬森起司與切達起司一起在腦中爆炸——那麼，我的朋友，你沒有資格來嘲笑別人的弱點。

那是值得拚命來吃的美食。事實上，我們的某位密友有次大啖康斯坦絲的菠菜法式鹹派之後，於幾個小時之內就出現嚴重的心臟病發作，需要立即進行三條冠狀動脈的繞道手術，後續則是幾個月的復原過程。我很高興跟大家說，他除了完全康復之外，還再三跟我們保證他對於那天的法式鹹派之記憶值得那整個經驗。

既然這樣，那麼像我這種意志薄弱、缺乏安全感而狼吞虎嚥的人，在自家安靜的兩人晚餐、面對一整盤的菠菜或綠花椰菜法式鹹派的時候，自然無法抗拒放縱之魔的誘惑，不是嗎？

我等會要詳細說明的出體經驗，就是發生在五年前某次這種安靜的兩人晚餐之後。雖然不情願，但我還是得說，當時的我用一堆不好的飲食習慣來虐待身體（阿育吠陀系統的人會說這是「違反智慧的罪行」crimes against wisdom），並放縱自己的體重增加到將近三百磅（約一三五公斤）。那不是好事。

我很高興跟大家說，我從那時起就開始減重，到現在已經減掉超過一百磅，而且我從來都沒有像現在感覺這麼好過。然而，在那時候，我的體重使我很難睡著。這對於進行清明夢與星光體投射來說非常棒，因為我通常會在醒睡之間的模糊地帶輾轉反側。然而當我了解到，自己的許多各式各樣的夜間冒險是睡眠呼吸中止症的窒息效應所引發的過程——所以我的星光體投射也許要用「瀕死經驗」來稱呼才比較正確的時候，真是把我嚇壞了！不過，我在那階段的人生有著多樣的出體經驗，最後使我能夠控制並引導自身夢境與投射的境況。

我希望自己能說康斯坦絲那時對於我的星光冒險也同感興奮，但事實不是如此，因為那些星光冒險會粗魯干擾她的睡眠，而且讓她感到害怕。她通常比我早知道我已在身體外面，因為那時的我幾乎總是翻身變成正躺，並將左手臂朝空中伸直。我不知道自己為何這麼做，但是每當我這麼做時，她就會努力使自己醒過來並自言自語地咕噥著：「喔，不要！他又離開自己的身體了。不曉得他什麼時候會發出那種『噪音』？」

她所害怕的那種噪音，其實是我的星光體在試圖說話，更確切的說，那是我肉身的聲帶在試圖依我的星光體所傳來的講話衝動來振動所發生的現象。當我張開星光體的嘴巴要說某些字句時，我那副躺在床上的肉體就會發出最為怪誕、極其恐怖的噪音：

woooahhhhhHHHAAAAAeeeeeeeaaaaaAAAAAHHHH!

這噪音不會只有嗚咽的程度，我還會吼出可怕的呻吟聲，就好像我是地獄最深的坑洞裡面的某個被折磨得最慘的靈魂。那聲音非常大聲，我自己可以聽得見，通常就會醒來。那噪音大到會讓康斯坦絲認定我們的隔壁鄰居必定被它嚇壞了。我自己也覺得好丟臉，總是想著：「為何我無法說話呢？為何我會發出這些可怕的噪音呢？」然而，我沒有閉嘴或試圖讓自己醒來，而是執意再度嘗試，但結果只會變成更大聲的：

woooahhhhhHHHHAAAAAeeeeeeeaaaaAAAAAHHHHH!

這就是康斯坦絲受夠的時候，她會用手肘撞我的肋骨，並在我的耳朵大叫：「你又跑出自己的身體了！清醒過來再去睡！還有把手放下來！」

我已經不記得那時在慶祝什麼，也許是生日或結婚周年慶，但也許那天只是康斯坦絲漫不經心到天真地問我：「親愛的，晚餐想吃什麼？」而我的回答自然是：「綠花椰菜法式鹹派！拜託妳了！」

然後就是長達一整天的巨量廚藝操演，才生得出那道神祕的佳餚。她的法國鹹派不是那種在早餐吃的薄鹹派，因為她是用超大尺寸的派盆（不是派盤）來做，那滋味豐厚的鬆軟奶蛋內餡厚度大概將近四英吋（約十公分），再切成六等分，讓六個飢腸轆轆的成年人都能分到好大一塊的鹹派。神智清楚的人會知道自己一餐若吃下兩大塊絕對撐到不行，但鹹派實在太好吃了，我央求還要吃一塊。康斯坦絲不情不願地答應了我，而她也禁不起誘惑又吃了一塊，所以當我們吃完的時候，那個巨大鹹派只剩下三分之一。我們那時真的吃到肚子撐得很不舒服。康斯坦絲開始藉由清理廚房及迅速清理碗碟來懺悔自己怎麼又吃太多，我則坐到電腦前面嘗試寫作，但寫不出東西。剩下三分之一的鹹派就在廚房流理台放涼。

一個小時之後，我們仍然覺得很撐，還一直去扶那膨脹的肚子（當然我的肚子比太太還要厚重許多）。那鹹派已經放涼到可以用塑膠袋包起來放冰箱，而在康斯坦絲要這樣做的時候，有個超級可惡的暴食精靈在我耳邊悄聲建議，說那鹹派一旦放到明天再吃就不會像今天這樣美味了，這就浪費了——褻瀆了——犯罪了！所以無論有沒有已經吃得太飽，我們都應當在今天上床睡覺之前把剩下的鹹派吃完——就是這樣，沒得商量！

康斯坦絲完全不想這樣做，然而她那時已經太累、太飽而不想跟我爭執。於是她去洗個熱水澡，而我則坐在黝暗的客廳，直接就著烤盤把剩下的綠花椰菜法式鹹派吃光。然後我上床就寢，整個人因為吃得太飽而無法保持清醒，但也因為吃得太撐而無法進入熟睡。康斯坦絲稍後也上床睡覺，馬上就睡著了。我們的貓兒路易斯則窩進自己習慣睡覺的地方，也就是擠在我們兩個之間。不到幾分鐘，我就覺得整個人已經不舒服到無法待在肉體裡面。我聽到腦中那股瘋狂的聲響並感覺到熟悉的電流感受，然後隨著一陣噁心的濃奶脂味嗝氣，瞬間漂浮在肉身上空。

這裡要特別說明一下，當時的我確實知道自己在星光體投射當中，但是感覺非常昏沉，非常想要趕快進入熟睡以停止這一切！然而在前往睡眠樂園的過程中，我聽到自家前門那裡傳來一陣噪音，所以我轉身過去，看看能否聽得更清楚些。

康斯坦絲：喔，老天！他翻身了，希望他不會把貓壓扁，

路易斯（貓）：喔，老天！他又離開自己的身體了，我想他壓到我的後腿。

沒錯！我聽得很清楚，有什麼人正企圖進來我們家。我翻身下床，並安靜地潛行到走廊。

康斯坦絲：啊！手臂舉起來了。他又出體了，我今晚要睡不好了。

路易斯（貓）：他如果再翻身過來一點，我就沒位置了！

我躡手躡腳地穿過客廳到前門那裡，並透過門上的窗戶往外瞧（並完全沒想過**我們家的前門其實沒有窗戶**），注意到有三到四個陰暗身影蹲伏在門前台階上。突然，我聽到身後的客廳傳來噪音，馬上想到「有一個進來了！」。看來我沒料錯。

康斯坦絲：他又開始前後搖晃身體了。

路易斯（貓）：哎喲！可惡！很痛欸！他為何不去死一死，讓我可以睡覺啊！

……我看到有個影子溜進我們家客廳南側那涵蓋整面牆的大壁櫃，並在溜進去以後從壁櫃裡面把門緩緩滑動關上。那真是相當詭異的情境。

於是我靜靜站在那裡，而內心正在爭辯自己應該要怎麼辦，完全沒想過**我們家的客廳其實沒有壁櫃**。

康斯坦絲：還好他不搖了。不曉得他還有沒有在呼吸。

路易斯（貓）：（睡著了。）

這時候的我全神貫注在自己的行動中，一部分的我知道自己正在投射中並（或）處在夢中，一部分的我並不知道這些事。我開始衡量一些可能性，例如現實的家中是否有真實的入侵者。「我最好要小心點。也許我能把他困在那裡並向警方求救。但我又沒有槍、刀或棍棒……可以做什麼呢？」

然後靈光一現：「我的塊頭很大，重達三百磅。我只要壓在那個混蛋身上就可以把他壓扁了！」

康斯坦絲：（睡著了。）

路易斯（貓）：（睡著了。）

我走到壁櫃的門那裡並猛然把門滑開，看到陰暗角落蜷伏著一團黑暗黏液團塊，看起來非常像《魔戒》系列電影裡面名為史麥戈（Smeagol）或咕嚕（Gollum）的角色。我突然感覺到自己具有把這生物嚇到落荒而逃的力量——或是至少把它嚇離我家客廳。我做出最為醜惡的表情，並把原本已經很有份量的體型暴漲到駭人的高度。為了確保自己的聲音力道像是無數火山妖魔發出的雷電，我就吸入大量的空氣……

康斯坦絲：喔，不會吧！又來了……

路易斯（貓）：天啊！他正在大量吸氣！他是想要把我壓死嗎？

「我要壓死你！」（I' LL CRUSH YOU!）是我的星光體試圖喊出的話語，然而我那躺在床上的肉體只能吼出那使人全身血液為之凝結的聲音：

eeuuyyyyiiiiiiiiieyeeeLLLLLLLL…

KRUUSHHHHHSHHH

UUUUUUUUUUUUUUUh!

我們的貓兒路易斯認定我要來壓死牠。牠伸爪攀住康斯坦絲，拚命試圖把被我壓住的後腳抽出來，而在重獲自由時，牠就一溜煙地奔出臥房，直到很遠的地方才停下來。

此時的我已經完全清醒過來，並了解剛才發生的一切實在太過好笑，於是我開始歇斯底里地大笑（康斯坦絲說那是狂笑）。她說她會被我嚇死，然而她比較擔心我們的隔壁鄰居應該有聽到那聲音，而且應該已經嚇壞了。我們倆都認為警察應該已經在來我們家闖切的路上。所以我的防禦機制到底是什麼呢？是對於法式鹹派的癡迷？還是星光體投射呢？

以下幾項是你正處在出體經驗的徵兆

◆ 胃窩、心、喉嚨或頸後出現恐懼的強烈感受。當你在夢裡注意到這種恐懼時，意謂你已經做到出體經驗所必需的典型切換過程。也許這過程跟那些被用來當成身體出口的脈輪或心靈能力中心有關。如果你在此時已意識清明，就能夠飛翔或做出任何能夠想得到的事情。諷刺的是，當你發現自己處在這個奇妙狀態時，最難做的事情居然是確實想出好玩又富生產力的事情來做——所以請提前規劃。

◆ 夢境裡面的向前或向上運動變得困難或無法進行。例如你正走在夢中的人行道、走上樓梯或沿著馬路開車、騎腳踏車時，突然發現自己的雙腳沉重到無法移動，或是汽車、腳踏車故障動不了。這意謂你正從較低、較慢的振動層次移入較高、較精微的振動層次，是你那又大又厚重的夢境載具無法進入的地方。如果你在此刻的意識變得清明，就可以停止走路、騎車或開車，撇下沉重的身體，並「意願」自己向前飛翔。

◆經驗到自己的向前運動突然有某個轉彎、左彎／右彎或迴旋動作插進來。例如你正準備過街，或打算從房間的某一側走到對側時，突然改變心意轉九十度向左或向右彎，那麼當你跨向左方或右方時，就是正在跨出自己的身體。或者你正在夢中用很快的速度開車或騎腳踏車，突然前方出現一個轉彎，而你認定自己應該過不了那個彎道。或者你夢見自己正在旋轉或舞蹈。螺旋運動的呈現（corkscrew effect*）也是離體之前很常看到的預兆。

◆聽見奇怪的噪音——鐘聲、敲擊聲、號角聲、嘶嘶聲、雷聲。幾乎每個出體經驗都會伴隨奇怪的噪音，似在宣告從某一層面到另一層面的移動。無論那是什麼噪音，它們看似都不是用耳朵聽到。

◆遇到「臨界點的恐懼」。當你因任何理由略去夢的過渡階段，而從醒時意識粗魯地進入離體經驗時，會很常遇上醜惡的存在，這情況很少是愉快的經驗。我如果吃得太撐並嘗試用睡覺方式讓這不舒服的感受過去，就會遇上那些東西。我會在不舒服的意識中翻來覆去，而當我真的認為自己要從床上起來時，反倒直直走進星光層面的最低之處，如同我們之前提到的，那裡的鄰近個體可能會相當粗魯。

警告：不要在夢裡吃喝，特別是跟已逝的個體相聚的時候！希臘的神話有提到「忘河」（Waters of Forgetfulness**），會誘惑口渴的剛死之人喝下河水，只要啜一小口就進入昏睡，一切關於前世生活的記憶就此消融不見——這是星光層面非常真實的現象。如果你想要記得自己的經驗，就別在出體經驗裡面吃喝，特別不要吃喝已知的死者所提供的東西，即使那是朋友或曾經愛過的人也不例外。你也許原本只想淺嚐小酌就好，但到後來可能會變成暴食豪飲。***

---

*譯註：這裡應是指螺旋般的運動，而不是飛機或電纜的專門術語。

**譯註：其作用類似華人神話故事的「孟婆湯」。

***譯註：就像《神隱少女》與主角的父母那樣。

第九章

祈請
根本不是這樣

別問我，我就不會說謊！

——昆妮（Queenie），《畫舫璇宮》（Showboat）[1]

大約十五年以前，康斯坦絲跟我一同驅車前往杭亭頓灘（Huntington Beach），參加「水星之儀」[2]的團體慶祝活動。然而在某個路口停下來等綠燈時，我認為自己有受到老天的啟發，讓我曉得要如何在整個集會過程中將羅馬神祇墨丘利（Mercury）的靈與存在具現在自己身上，就好像那位腳上有翼的神之使者親自在我耳邊悄聲告知那樣。

「吾難道不是騙子之神嗎？[3]」我聽到祂這麼說的時候，剛好交通號誌轉成綠燈。「今晚就用無言不謊來榮耀與祈請吾吧！」

我馬上認出這主意的偉大之處，所以很

興奮地轉頭跟康斯坦絲說我在今晚要用全程說謊的方式來祈請墨丘利。而她的回應相當睿智：「不行，你別這樣做！」

我真的無法相信她看不出這主意裡面的魔法妙處，於是跟她爭論這會是完美的祈請：「只要有機會，我就說謊！墨丘利會喜歡的。我將是場上唯一一個做出純屬水星之事的人。況且，這非常有趣啊！」

但康斯坦絲看不出這主意到底哪裡完美或有趣，她說：「我完全不想跟這種事情沾上邊！不要做啦！」

於是我勉強同意，並說：「好啦，我不做就是了。」

---

1. *Showboat*. Act I, Scene I.
2. 水星之儀（Rite of Mercury）為整套七項典禮之一，這些典禮各自以某顆古典占星的行星為主，係阿列斯特・克勞利為在公開場合表演儀式的目的所造。它們最先係由克勞利、Victor Neuburg（舞蹈）與Leila Waddell（演奏小提琴）在一九一〇年的十月與十一月於倫敦的卡克斯頓會堂（Caxton Hall）進行戲劇化的表演。*The Equinox I (6)*. London, Fall 1911. Reprint. (York Beach, ME: Weiser Books, 1992). Supplement.
3. 那些根據羅馬神祇墨丘利（希臘神祇赫密士）的神話惡作劇所發展出來的傳統，的確為這位腳上有翼的神之使者賦予騙子、小偷與律師之神的稱謂，但這樣的區分並不可信。

（藉這句話，我向墨丘利的祈請就此開始。）

我們晚了幾分鐘抵達會場。我為我們的延遲致歉，並稱我們是因為要見證父親的遺體被起掘出來的過程，所以剛剛才從墳場趕來。康斯坦絲望著我，沉默表示自己的噁心，並找個理由整晚待在離我很遠的地方。

而她到五年後的現在還很氣我！

當然，每個人都想知道我的父親遺體被起掘出來的原因，而我也非常願意跟他們說，似乎有個熟人跟我媽第二任丈夫那邊的家族講，我媽曾在雙方都認識的朋友面前吹噓自己如何給老公下毒。於是他們跟警方表示自己的懷疑，最後警方拿到允許起掘父親的遺體以進行檢驗的令狀。

我用非常嚴肅的表情來講這個故事，聚會裡面的每個人都專注聆聽，我甚至還指著當時戴著的戒指，並告訴他們那是在開棺之後，警方允許我從父親的手指拿下來保存的遺物。

接下來，我又稱讚幾位等一下要進行儀式的人們，說他們在穿戴埃及假髮與戲服時有多麼「性感」，但之後就因典禮的開始而沒機會講更多的謊話。然而在後續的宴會，我又再次被吾主墨丘利完全佔據，謊言如同水銀（也是Mercury）那樣從我嘴中流瀉而出。

我先跟大家說，我們的房東發現房屋被氡氣汙染，所以我們被迫搬去園林市（Garden Grove），並租下南越（South Vietnam，全名為越南共和國）前總理阮將軍的大房子。還說新租處的後院很大，可以舉辦入門儀式及厄琉息斯祕儀（Rites of Eleusis*）——而且地下室還有步槍射擊場。每個人都相信我說的話！

你也知道，要持續不斷說謊其實挺難的，即使是我也不例外。事實上，我當時開始了解，謊言裡面若沒有一些屬於事實的部分就無法成立。我其實開始意會到實相本身有著不連續性及相關性的本質——因此不會有絕對的事實，也不會有絕對的謊言。

難道這就是墨丘利的啟示——屬於水星的「悲苦靈視」**（trance of sorrow）嗎？

雖然我盡量維持自己扮演的角色，然而那些謊言的作用力終究開始浮現出來。隨著當晚活動進入尾聲（康斯坦絲認為那晚聚會實在拖太久），人們開始懷疑敝人的行為有問題。於是我們幾位最親近的朋友，就趁我去廚房冰箱拿琴酒時在那裡堵我，因為他們真的很關心我。

---

*譯註：即本章註2所提到的整套行星儀式

**譯註：認知到物質層面事物的必朽性質且必然無法滿足人心，類似佛教的「苦」諦。有興趣的讀者朋友不妨用原文關鍵字查找更加完整的解釋。

「隆，發生了什麼事啊？你今晚怪怪的。」

我逐一看向他們充滿關愛的面容。在那瞬間，肩上的宇宙重擔看似就要卸下，而我的腦海那時迴盪著廉價電影在坦露事實的老套口白──「我無法繼續活在謊話中！」──而且還要套用莎士比亞式的嚴肅腔調。

這真是意外的收穫──是出乎意料之外的靈性狂喜時刻、是真理女神瑪阿特（Maat）的羽毛踮在審判天平的秤盤上顫動的屏息時分，亦是我的答案將要把我從水星的「地獄」──康斯坦絲早就預見我這個又笨又蠢的想法會為自己創造出地獄──解救出來的時候。這些人是真的愛我、真的關心我，而我竟然無恥地玩弄他們的感受。我感到十分慚愧，慚愧到不曉得要怎麼說話才不會哽咽。所以我把那瓶琴酒放下、一一對上他們的眼神並供認……

「我的醫生跟我說，我患了腦瘤。」

在場的每一個人都目瞪口呆地望著我，一片靜默。而那時在廚房附近的人們聽到我們的對話，所以這消息很快傳遍整個宴會，每個人都「知道」為何敝人一整晚都在講那些很怪異的話。

當康斯坦絲聽到這則放在最後的漫天大謊時，她再也無法保持沉默：「他沒～有～

羅患腦瘤！因為墨丘利是騙子之神，所以他一整晚都在說謊，說的話都不是真的。我有跟他說這是愚蠢的想法。」

當那震驚消退之後，每個人也都認為那個想法真是愚蠢。似乎無人認出我向墨丘利的祈請方式所具有的純粹魔法巧思——除了我以外，這是當然的吧。我本來一度把這次事件當成「術士的詛咒」（Curse of the Magus[4]）的經驗教訓，後來才明白像這樣的惡作劇根本不是祈請。

4. 我當然是在開玩笑的。「術士」（Magus）是對應到「生命之樹」第二輝耀侯克瑪（Chokmah）的入門稱號，代表人的意識所能達到的第二高的層次。而在這稱號所背負的種種責任義務當中，術士須發誓自己「……要將每個現象解讀成神對於我的靈魂所做的特別安排。」

第十章

……而這樣才是祈請！

生命裡面的喜樂只有一個，就是愛與被愛。
——喬治・桑（George Sand）

我們已經知道什麼不是祈請，那麼現在就把注意力改放在它「是」什麼。我在本書第一章有提到祈請，以及魔法師與至高智性（或大G）之間的個人關係之重要性。在本章與下一章，我除了與你分享自己在這主題的想法之外，還有提供一項目前已整合到我個人一切正式魔法操作當中的儀式。不過，我有好幾年一直完全錯失祈請的真正意義。對於那時候的我來說，祈請就是某種冷硬的頭腦體操，僅是必需盡到的禮節，就像進入崇拜之處要脫帽致意那樣。我很確定這態度應是源自一九五〇年代於內布拉斯加州的新教徒（Protestant）童年生活，當時的我對於那多到令人窒息的祈請只有留下糟糕的印象——在那時候，每一場工會烤肉活動、改裝賽車比賽、幼童軍集會、學校[1]的大型會議，還有足球比賽，都是用類似以下的說詞作為開始：

天上的父，我們今天聚集在這個運動競賽會場，呼求您今日與我們同在。請祝福這些男孩[2]，還有他們的親人、朋友與教職員，他們都是來此見證傲人的嘯鷹校隊及敬神的教練所具有的力量、勇氣與決心。當我們的隊伍在努力求勝以榮耀您的獨生子之名時，請祝福他們、將您的力量賜予他們。我們以上的禱告，係奉勝利的神聖之名耶穌基督。阿們！

請要知道，我並沒有嘲笑這個概念，亦即在任何嚴肅且重要的活動開始之前，都要先承認神的存在。說實在的，藉由將我們的注意力轉往「上面」，即使短暫、即使不情

1. 美國的公立學校現已禁止大聲禱告。然而在我唸國高中的時候，每場運動競賽都以基督信仰的祈請禱告作為開始。
2. 在我還是學生的一九五〇及六〇年代，團體的體能活動（像是服兵役）幾乎都是留給男孩來進行。

不願，我們仍將自己的某部分連上那遍及一切的創造性能量源頭。而且坦白說，當我們想要自己的隊伍獲得勝利、自己的煎魚賣得精光、自己的祈禱得到回應，或是期許自己的講道能夠改變眾人生命時，有誰不想為自己多打一針這樣的強心劑呢？

不過，即使魔法的祈請與上述祈禱差異甚大（或至少理應如此），現代魔法師所接觸的祈請模式——至少是那些由十九世紀的魔法大師傳到我們手上的祈請範例——也大多無聊透頂：

睿智、永恆與仁慈的一（Sole Wise, Sole Eternal, and Sole Merciful One），當得永遠的讚揚與榮耀。吾謙卑地站在祢面前，蒙祢允許，得以如此深入祢的奧祕聖域。主啊（Adonai），願榮耀不歸於吾，而是歸於祢的名。就讓祢的神聖使者之力臨於吾的頭，授吾自我犧牲的價值，使身為人子的吾能在審判之時——亦即得眾靈之主（Lord of Spirits）召見、承永在之神（Ancient of Days）點名之時——不畏不縮，藉此，願天上記有吾名，吾之精魂（Genius）能與神聖的一（Holy One）同在[3]。

在我那憤世嫉俗的叛逆心智中，金色黎明會的這則祈禱及其他類似者，僅是比那為了鼓舞士氣、為了傲人的嘯鷹校隊的好處而用充滿波本酒味的嗝氣吼出的祈請，多出一點點魔法的感覺而已。然而我需要多年的歷練（還有使魔法得以熟練的大量努力），才能在自己的心智釐清自己要祈請的真正對象到底是誰（或更精確地說，到底是什麼）。因此在達到這境界之前，我的祈請總是非常沒有活力。

所以，「睿智、永恆與仁慈的一」到底是誰？「主」是誰？「神聖的一」是誰？當身為所羅門魔法師的我將自己的手指戳進那位於頭部上方、屬於「上」（above）的偉大宇宙電光插座時，那麼我用自己的「下」所接通的「上」是誰呢？如果這位仁兄跟那位強迫年幼的我懷恨敬拜、基伊猶的龐大失能家族所相信的殘暴父神是同一位的話，那麼當然是「敬謝不敏」！如果它就是我年少時若想為處在月經週期的女朋友祈禱，得要用上交換條件才會聆聽的虛幻耳朵——如果它就是那位抱持只看重血統的民族主義，要求每個家庭、每個宗族、每個支派、每個國家都要以祂的名投入血腥戰爭的鬼魅之神——如果它就是油嘴滑舌的電視佈道者所信奉的那位全能（但奇怪的是很缺錢）的

3. Israel Regardie. *The Complete Golden Dawn System of Magic. Vol. VII*, Third Revised Limited edition (Reno, NV: New Falcon Publications, 2008), 48.

神——如果它就是抱持法西斯主義的權威人士或政客所抱持的力量至上、白人至上之神——或說實在的，如果它是因為我有常識且敢用常識而譴責我的任何神祇——那麼我得要大不敬地說：「去你的神！」我還是祈請自己那天殺的常識還比較好！

最後，我發現這完全就是我需要去做的事情。

我在本書第一章有說過自己「崇拜」某個至高無上的意識，而它是一切已具現與未具現存在的究極源頭。還有提到我相信這個超級存在的究極本質是超驗的「善」——這樣的善，其無限涵括一切（且無法被人了解），連「沒有」也在它裡面——這個偉大的善沒有「與之相對的事物」。它吞掉所有二元性概念。如果我們能夠揮揮魔棒，把世上絕大多數靈性傳統所染患的一切荒唐迷信及心胸狹隘的愚蠢想法全數剝除的話，將會發現每個宗教的真「神」就是這個無上的意識、這個大G。

大G並不是任何特定人種、家族、支派、國家、文化或信仰之狹隘侷限的圖騰，它大到超出任何信仰或哲學的範圍。事實上，大G如此巨大，只有某個宇宙容器才能容下它那超越絕對的絕對。祈請就是如此，亦即將大G擠進它自己的宇宙中唯一能夠容納它的地方——而那地方就是「你」。

有人也許會認為連結大G並不會太難，畢竟它除了完全地在你裡面與外面之外，絕不會在別的地方。不過，在你面前有著許多障礙，阻止你醒覺到自己「早就如此」的實相，亦即就在此刻，你正永遠地吞下大G那布滿天地的喜樂——而那些障礙也個個都是「你」！而這也是祈請所要做到的境界，即清除所有擋路的虛假小「你」，好為大G留有可以自由活動的空間。

不幸的是，所有這些虛假小你幾乎全都是你對於自己是何等人物的誤解。不過，還是有非常有效率且快速的方式以焚毀所有這些虛假小你，並藉此創造出必需的超級真空，以吸進大G的壯麗湧流。這項魔法技術的年代就像人類意識本身那樣久遠，它具有兩個部分：

◆這技術的第一部分即是完全地、絕對地、堅決地、興奮地、無助地、無望地在肉體方面、心智方面、情緒方面、性方面與神陷入愛裡。

◆這祕訣的第二部分則是容許自己同時「接受」從神而來、同等份量的愛。

就像麥克風太靠近音響擴大機的喇叭時創造出來的聲音回授（feedback）那樣，這種在愛中同時的給予及接受會創造出持續增升的極樂回授，足以比擬大G意識的那股不斷變換、在喜悅中持續創造、支持與破壞的電流。

而祈請就是在做這樣的事情。

我花了很長的時間（超過三十五年）終於得出這項領悟，係來自我即將與你分享的簡單儀式之魔法推動機制。

第十一章

啵！迦尼薩出來了！

All around the mulberry bush
The monkey chased the weasel;
The monkey thought'twas all in fun,
Pop! goes the weasel.
A penny for a spool of thread,
A penny for a needle—
That's the way the money goes,
Pop! goes the weasel.

在桑樹的周圍，
猴子追著黃鼠狼跑。
猴子認為這樣很好玩。
啵！黃鼠狼出來了！
這一塊錢買一捲線，
那一塊錢買一根針——
錢就是這樣出去了。
啵！黃鼠狼出來了！

——英國傳統童謠〈啵！黃鼠狼出來了！〉(Pop Goes the Weasel)

譯註：前後兩段看似毫無關聯，但據稱這裡的猴子、黃鼠狼與啵均為經過韻尾省略的英文押韻俚話或黑話，而猴子是指開銷、債務，黃鼠狼是指（昂貴的）大衣，啵是指當鋪；所以第一段是穿著大衣的當事人被債務追著跑，所以就拿大衣去典當，而第二段是因為錢都是那樣花掉，所以大衣又被拿去典當了。

我現在要向你描述一個小儀式，它大約是在十年前成為敝人運用魔法的種種訣竅之一。我原本是為了能夠盡快開始與結束自己的早課，而創造出某種能在腦海中快速執行的古怪冥想，然而它很快成為更加龐大的有益事物。事實上，在它那傻呼呼的單純內容當中，我不僅找到強大的驅逐儀式，而且還有相當深入且非常有效的祈請技術。由於它已成為我的冥想及魔法儀式當中的關鍵部分，也因為本書後續幾章會提到它幾次，所以我想現在來分享這儀式讓你知道。

用頭腦來掌握與認知大G是一回事，但是容許自己十分樂意地融化在對大G陶然讚嘆當中完全是另一回事。我得承認自己在成長過程，對於「愛著神」這件事有很大的障礙。不，這樣說並不完全正確，應該是我對於愛著某個被周遭的人們稱為神、但看起來就像是怪獸的東西有障礙。儘管如此，在年歲漸長的過程中，我知道了一件事，那就是如果我還想要進化成頭腦清楚、能力俱足的魔法師，如果我還想要行使適當的祈請並與神聖的「上」有著恰當與真實的連結，那麼我就得要努力了解、接受與面對那些根深蒂固的負面態度。我得要找出使自己敞開胸懷的方法，使自己能與大G相愛而誘發那在前面提到的神聖之愛的回授。

我首先面對的挑戰，是將這個無形且最抽象化的抽象靈性概念落實在某個實質的影像、形體與名稱。像我這種將大G人格化成為近似我接受的宗教神祇之形象的作法，其實應是挺合理的，畢竟在下身為敝人教會[1]裡面的大主教[2]與「泰勒瑪」實修者（Thelemite），一路走來而認識的神祇與女神還真不少，其中最重要的是那為「泰勒瑪」（Thelema）的宇宙起源論學說定出基本原則的無限三位一體（trinity of infinities）。

◆努特（Nuit）——掌管夜空的埃及女神，埃及的藝術常以拱繞地球的高瘦蔚藍身形來描繪祂，而祂是擴張到極致的宇宙所具有的無限（即圓形的圓周）。

◆哈迪特（Hadit）——努特的戀人，祂在泰勒瑪／埃及的象徵是有翼的太陽星盤，是收縮到極致的宇宙所具有的無限，即圓形的圓心。如果用物理現象來代表哈迪特的話，我認為祂應是那在「大爆炸」之前的奇點（singularity），即祂最根本的特徵。

◆拉—胡爾—庫伊特（Ra-Hoor-Khuit）——祂是努特與哈迪特結合而有的孩子，其頭為鷹、被立為王的祂征服無休。由於努特的擴張（無限「往外」）以及哈迪

1. 靈知天主教會（Ecclesia Gnostica Catholica, EGC），是「東方聖殿騎士會」（Ordo Templi Orientis, O.T.O.）的基督信仰教會分支。
2. 參見第十三章與附錄二。

特的收縮（無限「往內」）都是無處不在，所以祂們彼此接觸的點也會是無所不在。而如此無盡的接觸就創造出拉－胡爾－庫伊特，也就是讓宇宙可以具現的操作空間。

努特、哈迪特與拉－胡爾－庫伊特是十分美妙的宇宙概念——事實上真的很棒——用來擔當我們用於祈請的神祇真的綽綽有餘。不過，即使我喜愛自己的宗教與古埃及的宗教意象、即使我尊敬這些深奧的概念，但對於自己要去喜愛那已擴張出去的寒冷宇宙、其無次元性的中心以及處在兩者之間的森羅萬象（並被它們愛著），我個人仍然覺得這很難（至少在一開始）讓我感受到情緒層面的暖意。

我也認為自己是赫密士卡巴拉神祕家，因此是用那在創世之前的三道負向帷幕——否在（Ain）、無限的無（Ain Soph）、無限的光（Ain Soph Aur）——當成大G來崇拜。三種不同的無，這概念（對我來說）就像現代爵士一樣酷，而它將猶太教的奧祕思想直接躍升到禪宗佛學（之類）的精妙高深層次。我啜飲虛擬的義式濃縮咖啡、彈著披頭族（beatnik）的響指，為如此嬉皮式的超驗實相送上掌聲，但說實在的，我要怎麼對這三種古怪的「無」開始投入熱情呢？

如要進化敝人的魔法工作，我就了解自己應需找出某個既富慈愛又很簡單的神祇，將那一切令敝人的靈魂目瞪口呆之無限高妙的大G概念投射其上。我需要集結自己的一切無限、一切萬物（我又在造詞了），把它們一起打包成某個無法抗拒、人見人愛的套裝程式。於是我開始爬梳世上大大小小的宗教裡面的各種神祇，想要找出其形象與特性均能與我在靈性程式的種種奇特要求相應者。大約十年前，我做出非常滿意的決定，而這位能夠完美符合需求的神祇，就是移除一切障礙的大肚象神迦尼薩[3]。

迦尼薩（Ganesha）

3. 迦尼薩（Ganesha）的另一常見拼法是Ganesa（在東方文明還有「群主」Ganapati、「歡喜天」Vinayaka與「高貴之子」Pillaiyar等稱呼）。大致而言，迦尼薩應是世上最著名且最廣受敬拜的神祇。印度教不分支派與傳統均敬重象頭神，而耆那教、佛教與世上數百萬無特定宗教信仰的崇拜者也是如此。

那麼，在你把任何過分的排他性宗教派系觀念套用在我與迦尼薩的特別關係之前，我希望你知道的是，就普世傳統信仰的觀點而言，敝人並不算是迦尼薩的信徒。我不從屬任何信奉迦尼薩的宗教團體或宗派、沒有跑去參加迦尼薩的祭典（puja）或慶典，也沒有背誦主神迦尼薩（Lord Ganesha）的一〇八個名字（雖然這些名稱的背後意義真的很棒）。

此外，也請清楚以下這點——我並「沒有」主張你或任何人得要選擇迦尼薩的形象、特性或概念來當成「自己」用於象徵無形、至高宇宙意識的實質圖像。你的人生、你的靈性宇宙、你的魔法，全是你的，你是你自己的魔法師。去找自己的神！如果迦尼薩能使你對於大G的奉獻之船順利浮起，非常好！但這個決定跟我或其他人都沒有任何關係。

任何神祇或你個人的奉獻對象——或是你選定的任何事物——之特性與形象，都能容易套進到我在以下所述的驅逐及祈請的小儀式當中的每一細節。我之所以選擇迦尼薩，是因為當我在靈視中旅行到至高大G的王座室時，能毫不費力地馬上想像出自己正在仰觀那具有美麗臉龐、愛著萬物的迦尼薩。我的心會滿溢一股對於神的愛，而我能欣喜地將自己的靈魂探入這位神祇的巨大溫馨心。同樣地，我也發現自己能輕易地完全接受那股來自迦尼薩的神愛與喜樂的洪流，一如我所給出去的量，這就是關鍵所在。

在能夠舒適接受自己藉由迦尼薩的形象與性格而與大G形成的新關係時，我自動會開始認知到祂的存在，並在任何重大工作之前請求祂的祝福與指引。祂的大耳總是對準我的祈禱，而祂那不去論斷、充滿慈愛的眼光總是見證我最高貴的思想與作為，以及我最卑劣的罪惡與虛榮。在一天的末尾，祂蜷起巨大身軀，讓我舒適躺在裡面，並在祂那柔和的搖晃中進入夢鄉。

好啦，我得承認自己的確差一點點就成為迦尼薩的信徒了！（我並沒有要冒犯真正的迦尼薩信徒的意思喔。）我甚至還認真想過要去背誦祂的一〇八個屬性，例如全世界之主（Lord of the Whole World）、障礙移除者（Remover of Obstacles）、受到愛護的可愛之子（Beloved and Lovable Child）、月冠之王（Moon-Crested Lord）、詩人大師（Master of Poets）、音樂之王（Lord of Music）、巨肚王（Huge-Bellied Lord）（天啊！我看起來也像個大肚神！）、容易安撫者（One Who Is Easy to Appease）、破除一切障礙與妨礙者（Destroyer of All Obstacles and Impediments）等等。但本人很懶，吾王迦尼薩又是容易安撫的神祇，所以我決定自己在冥想、魔法、演講、音樂表演之前，也就是說，當我要進行任何重要的事情之前，只要將祂的名字當成真言來唸誦一〇八遍即可。

朋友送我一串有一〇八顆珠子[4]的唸珠，所以我有一陣子用它來幫助我計算唸誦「迦尼薩」的次數。不幸的是，那串唸珠被我忘在往返科本哈根與倫敦的飛機座位上。而且當我在公開場合使用唸珠時，特別是在搭飛機的時候（而且我算是很常搭飛機），會有奇妙的感覺——周圍乘客向我望來的目光，就好像把我當成某個在唸臨終禱詞以打算自殺的白髮恐怖份子。

這樣不好，所以我需要某個可在使用指頭計數時，能夠容易、迅速、祕密默誦迦尼薩名號一〇八遍的方法。經過諸多嘗試，我發現完美的做法，亦即我若用童謠〈啵！黃鼠狼出來了！〉（Pop Goes the Weasel）的曲調重複唱誦迦尼薩（或迦尼須 Ganesh）之名的話，每唱完一輪等同重複唸誦二十四遍迦尼薩之名，那麼只需唱四輪半即可，如下所示：

四輪半＝一〇八遍

迦尼須、迦尼須、迦尼須、迦尼須

迦尼須、迦尼須、迦—尼—須、迦尼須、迦尼須、迦尼薩—ㄚ

迦尼須、迦尼須、迦—尼—須、迦尼須
迦—Y—Y—尼薩—Y
迦尼須、迦尼須、迦尼須、迦尼須
迦尼須、迦尼須、迦—尼—薩
迦尼須、迦尼須、迦尼須、迦尼須
迦—Y—Y—尼薩—Y

這方法相當完美，只要用一隻手的幾根指頭來記錄重複輪數就好。我可以在開車的時候做、可以在機場排隊等候時默默地做，也可以在搭機飛行的時候做，而且不會使鄰近的同行乘客緊張。我到最後還發現自己可以用它來為魔法圈進行驅逐儀式及祈請大G。

為了能夠欣賞這個小儀式的簡純之處，就需要了解在入門以及導引能量流來祈請或驅逐某特定魔法力量的儀式當中，魔法師之所以會在聖殿四處移動的魔法動力學。

4. 我希望讀者會原諒敝人沒有設法寫出關於一〇八以及印度教與其他宗教為何視之為聖的主題著作。想要了解的朋友，只需要上網搜尋「為何唸珠有一〇八顆？」(Why 108 beads?)就能開始「永無止盡」的個人旅程。

祈請（順日運動）

就一般的魔法經驗法則而言，為了要進行祈請（將個人欲求的魔法力量「請入」），魔法師要在聖殿以「順時針方向」持續移動（像是沿著聖殿空間的邊緣或圓周，從東邊依序走到南邊、西邊、北邊，再回到東邊）。這種移動稱作順繞圈（deosil），係依順太陽在天空的每日運行軌跡。

如果個人在某個地方以立姿進行順時針方向的旋轉（自轉），也會被認為是祈請的移動方式。

依自身中軸進行順時針方向（順繞圈）的自轉，也等於祈請。

魔法師也可以用螺旋的移動來進行祈請，亦即從聖殿圓周邊緣開始用順時針方向逐漸往內繞進去，直到聖殿中央才停下來，就好像把目標力量或存在帶入聖殿的中央。

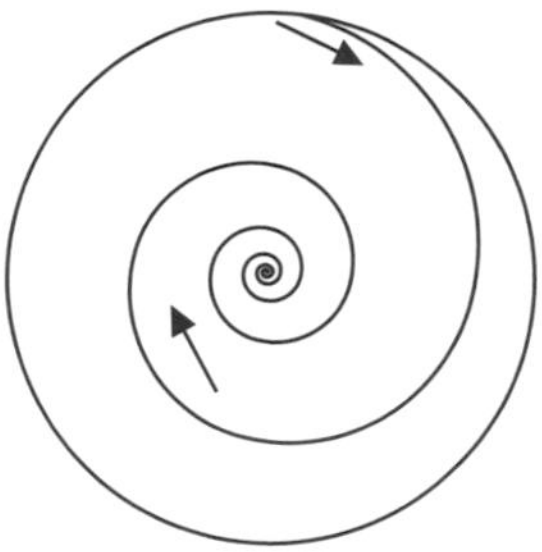

以順時針方向（順繞圈）
往內繞入的移動也是祈請

如果這項用於祈請的向內螺旋軌跡是以順時針方向（順繞圈）的方向進行，其力量自然更加強化，如果魔法師在沿著向內螺旋軌跡移動過程中同時以順繞圈方式自轉，那麼祈請的力量又會增強許多。

驅逐（逆日運動）

相反地，如果要進行驅逐※，就一般的魔法經驗法則而言，魔法師要在聖殿以「逆時針方向」持續移動（像是沿著聖殿空間的邊緣或圓周，從東邊依序走到北邊、西邊、南邊，再回到東邊）。這種移動稱作逆繞圈（widdershins），即相反於太陽在天空的每日運行軌跡。

如果個人在某個地方以立姿進行逆時針方向的旋轉（自轉），也會被認為是驅逐的移動方式。

※譯註：這裡提醒一下，中文用詞常隱含褒貶之意，所以即使是同樣的驅逐儀式，在用於排除惡意或不需要的能量時維持慣用的「驅逐」，然而在用於請那些應召喚而來的善之存在或能量離開時，改稱「送走」會比較適合。

依自身中軸進行逆時針方向（逆繞圈）的自轉，也等於祈請。

所以現在你也許已經推測到自己也能從聖殿中央開始用逆繞圈的方式逐漸往外繞出去，直到聖殿的圓周邊緣才停，就好像從聖殿中央把每一事物往外推出去那樣。如果這項用於驅逐的向外螺旋軌跡是以逆時針方向（逆繞圈）的方向進行，其力量自然更加強化，如果魔法師在沿著向外螺旋軌跡移動過程中同時以逆繞圈方式自轉，那麼驅逐的力量又會增強許多[5]。

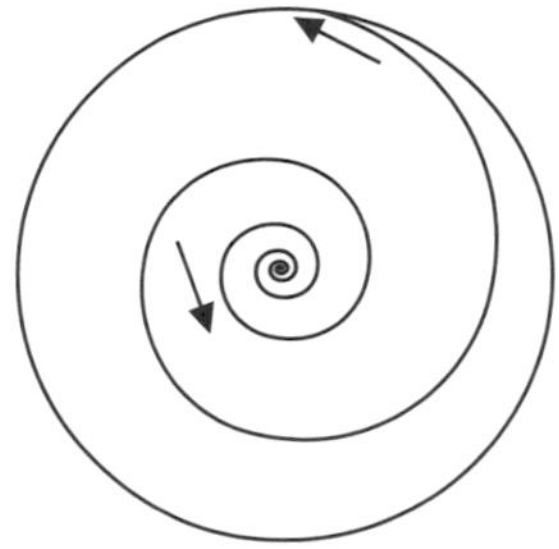

以逆時針方向（逆繞圈）往外繞出的移動也是驅逐

5. 當然，順繞圈與逆繞圈的主題其實有許多變化形式，魔法師則會為特定的魔法效應而運用這些變化形式來混合或配對它們的動力。然而在這個小儀式當中，我們是用最簡單、最普遍的方式來應用它們。

我將這個用於祈請或驅逐的小儀式稱作「迦尼薩之舞」(The Dance of Ganesha),還要提醒讀者,這個儀式就像絕大多數其他儀式那樣,實際操作與觀想會比閱讀以下文字還要來得容易許多喔。

第一〇八冊　迦尼薩之舞（儀式／冥想）

第一部分：驅逐

◆ 魔法師在圓圈中央面朝東方坐下，閉上眼睛。整個儀式／冥想都是在心智之眼完成。

◆ 在放鬆、安頓好自己之後，魔法師在腦海中形塑出迦尼薩[6]的生動迷你形象——如此多彩榮耀的祂就站在魔法師的腦海中央。

◆ 然後，這個迷你迦尼薩躍出魔法師的腦袋，跳落在地板上與魔法師正面相望，而祂的形象也變成大約三英呎（九十一公分）的高度。

◆ 迦尼薩開始做出優雅的逆繞圈。（迦尼薩的自轉形象當用能為魔法師的內心帶來喜悅者。）

◆魔法師開始唱誦〈啵！迦尼薩出來了！〉的真言。

◆迦尼薩持續逆繞圈的自轉，並開始繞著魔法師以逆繞圈的螺旋軌跡往外「移動」。（參考下圖）

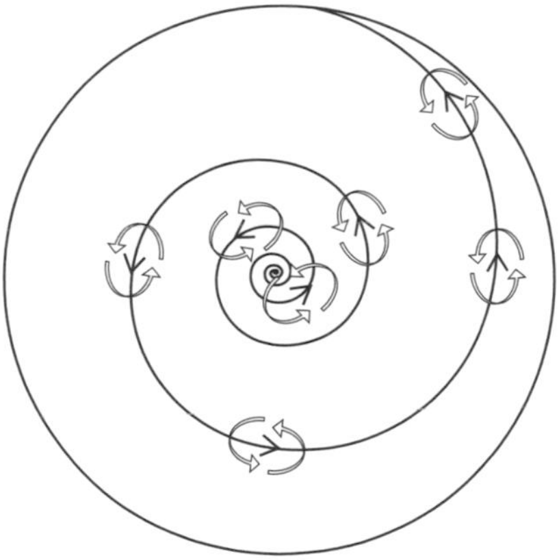

迦尼薩驅逐之舞

6.或是用於象徵魔法師奉獻對象的神祇或著名的靈性存在之形象。

◆當迦尼薩沿著螺旋軌跡越來越遠離中央以及坐在那裡的魔法師時，祂的形象也變得越來越大。

◆當第一輪的上半段快要唱完時……

迦尼須、迦尼須、迦—尼—須、迦尼須
迦尼須、迦尼須、迦尼薩—Y
迦尼須、迦尼須、迦—尼—須、迦尼須
迦—Y—Y—尼薩—Y

……迦尼薩的螺旋之舞再度把祂帶到與魔法師正面相望的方位，只不過祂此時已在聖殿房間的東方邊緣。祂在此時的身高已長到十二英呎（約三．七公尺）。

◆在第一輪的下半段要結束時……

迦尼須、迦尼須、迦尼須、迦尼須

迦尼須、迦尼須、迦—尼—薩

迦尼須、迦尼須、迦尼須、迦尼須

迦—Y—Y—尼薩—Y

……迦尼薩的螺旋之舞再度把祂帶到與魔法師正面相望的方位，只不過祂此時已在魔法師所處大陸（像我所在的大陸是北美洲）的極東之處。而祂的身高已長至數千英哩（一英哩約一．六公里或一六〇九公尺）。

◆在第一輪上半段的唱誦結束時，迦尼薩所舞出的螺旋範圍已經涵蓋整個地球以及月球的軌道，而祂的身高到此已長至數十萬英哩。

◆在第二輪下半段的唱誦結束時，迦尼薩所舞出的螺旋範圍已經涵蓋太陽以及太陽系所有行星的軌道，而祂的身高到此已長至數千萬英哩。

◆在第三輪上半段的唱誦結束時，祂的舞動範圍已經涵蓋整個銀河系，而其於此時的身高已長達十萬光年。

◆在第三輪下半段的唱誦結束時，迦尼薩的螺旋之舞已經涵蓋鄰近銀河系的本星系群，而其於此時的身高已長達數百萬光年。

◆在第四輪上半段的唱誦結束時，迦尼薩在宇宙空間的舞動範圍已經大到使銀河系及本星系群看起來僅是千億星辰裡面某顆難以辨認的星星，而其於此時的體型大小已長達數十億光年。

◆在第四輪下半段的唱誦結束時，迦尼薩的螺旋舞動將現實宇宙外推到極限之處，亦即沒有再更後面、更大的宇宙空間。宇宙到此已被轉化提升，中央與周圍的概念已被抹去，那裡只有無盡龐大的迦尼薩……而無限渺小的魔法師就坐在這位神祇無次元性的中心。

◆驅逐儀式到此完成。

第二部分：祈請

魔法師至此已唱誦四輪〈啵！迦尼薩出來了！〉的真言。迦尼薩的舞動形象在那過程中持續增長，藉由逆繞圈的自旋以及逆時針的螺旋移動而驅逐（推開）整個宇宙，直到抵達時空的極限。沒有可供無盡龐大的迦尼薩繼續迴旋舞動的空間、沒有外於祂的事物，連空間也沒有。當魔法師掌握這概念所具有的絕對龐大時，就已做好祈請的準備。

此刻，那尊立在魔法師面前、無限巨大的迦尼薩開始優雅地順時針旋轉。而在唱誦剩下的四行*裡面的第一行當中，旋舞的迦尼薩會沿著非常小幅的順時針內旋圓弧移動，直到祂進入魔法師的右耳。這段移動將宇宙的第一象限全部拖入魔法師自己的頭部裡面存放。

迦尼須、迦尼須、迦尼須、迦尼須

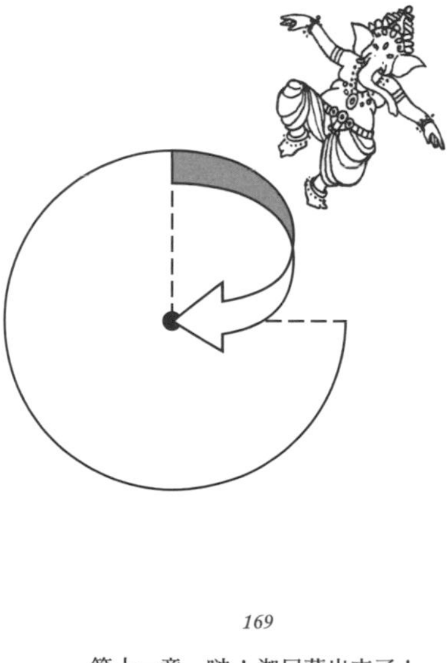

*譯註：即前面提到的四輪半，在進行四輪之後剩下的半輪，也就是直接重複下半段共計四行的真言

在唱誦第二行的過程中，旋舞的迦尼薩沿著非常小幅的順時針內旋圓弧移動，直到進入魔法師的後腦勺裡面。這段移動將宇宙的第二象限全部拖入魔法師自己的頭部裡面存放。

迦尼須、迦尼須、迦—尼—薩

在唱誦第三行的過程中，旋舞的迦尼薩沿著非常小幅的順時針內旋圓弧移動，直到進入魔法師的左耳裡面。這段移動將宇宙的第三象限全部拖入魔法師自己的頭部裡面存放。

迦尼須、迦尼須、迦尼須、迦尼須

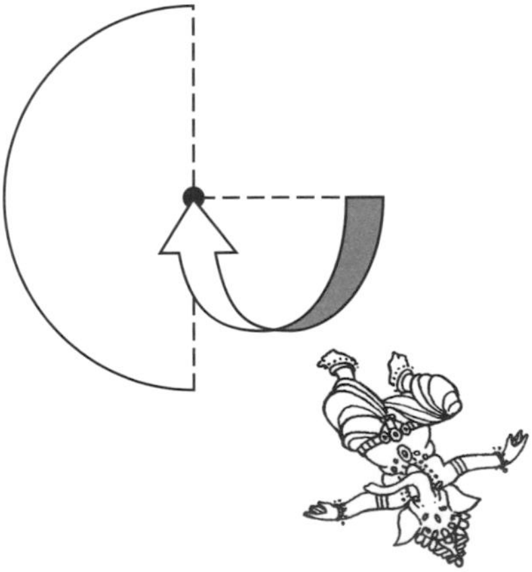

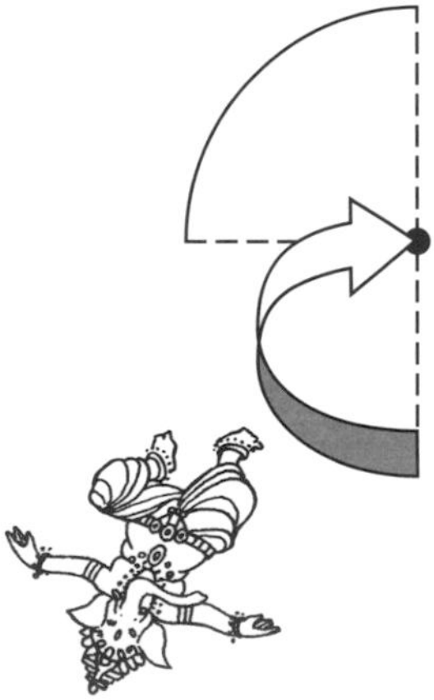

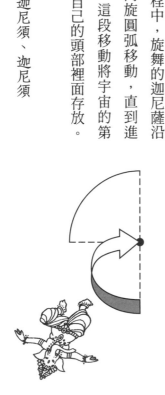

在唱誦到第四行、也就是最後一行的過程中，旋舞的迦尼薩沿著非常小幅的順時針內旋圓弧移動，直到進入魔法師的前額裡面。這段移動將宇宙的第四象限全部拖入魔法師自己的頭部裡面存放。

迦—Y—Y—尼薩—Y

於是在那珍貴的片刻，魔法師「就是」迦尼薩、至高無上智性、大G。此刻的魔法師「沒有外面」(no outside)。祈請儀式到此完成。

第十二章

教士的矛盾

占卜並不是知識之敵；
它是知識主體本身的一部分。
米歇爾・傅柯（Michel Foucault）
——《事物的秩序》（The Order of Things）

已經跟著我走到這裡的讀者們，應該已對敝人的基礎魔法場理論（basic magical field theory）有些概念。我深信且完全接受本書副標文字，即「這一切都在你的頭裡面……你只是對自己的頭有多大沒有概念」。然而，這並不代表我相信魔法是純粹的心理現象。我要說的是，對於人類的心智，我們「不」了解的部分會多過我們「真正」了解的部分。人類在這方面的每個新發現，都讓我們越來越了解到心智並不受限於頭腦。事實上，我們的頭腦、我們的身體、我們的世界，甚至時間與空間，都是心智的種種具現與面向。如果我們真正了解到心智的無限奇蹟，以及它與宇宙意識的關係，我們就會知道，就真實情況而言，心智「沒有外面」——即我們自己「沒有外面」。

心智可以用來解釋每事每物嗎？理論上，我會認為可以。然而，如果敝人有暗示自己已跟某個能為我解釋每事每物的意識級次有著穩固連結的話，那麼我就是這宇宙中最大的騙子。而這也是我認為魔法如此令人著迷、有時無法解釋的原因之一。就像個人如果要為電腦安裝並操作某個複雜的程式，並不需要懂得電腦內部運作的所有細節，魔法師在操作這個名為心智的系統時，也不需要客觀知曉無盡心智內在運作的每一細節。不過，就當今而言，我個人真的覺得該讚揚就要讚揚才是睿智的做法，所以對於那些意圖欺騙眾人相信「只有我了解魔法力量、別人都講不對」的現代習修者，我對他們的心智健康狀態真的感到悲哀。

之所以重覆講這些事情，是因為我準備要分享兩則故事，均是關於敝人為他人的利益而進行的魔法操作。若沒有經過仔細思考，這類作為有可能會挑戰我那「這一切都在你的頭裡面……」的場理論。畢竟，如果「……我能用魔法改變的唯一事物就是我自己」的話，那麼我要如何看似用自己的魔法作為來幫助他人呢？我有認為自己應為世上一切善惡負起最終的責任嗎？

我得承認，在下並不總是清楚自己對於這些問題的答案。然而我清楚以下這件事：每個經過自己的感官受器接收並經過自己的大腦處理的資訊——我所聽到的每一篇神話故事、所讀到的每一個歷史事件、所看到的每一則新聞報導、所讀到的每一本書、所見到的每一個人，還有我所遇到的每一物體、想法、影像、聲響、感受、味道、情緒、觀察、恐懼或渴望——這一切全都會改變我，並儲存成我的意識實相與潛意識實相之一部分。我與所有進入敝人意識領域的每一事物都有著不可分割的連結，而我對它們的處理、反應與回應的方式負有百分百的責任。

就一般觀察者來看，我的魔法會於外在世界造成改變。但說到底，我的外在世界與內在世界其實一模一樣。如果我的魔法的確帶來一些期望的改變，那也只是向我證實，我已成功轉變自己而成為能夠發生此類事情的人。

在二〇〇二年的春天，我收到伊茲瑞爾（Ezriel）[1]寄來的電郵，這位住在美國東岸的猶太教教士在電郵中稱自己熟悉我所做的事情，並相當肯定我能用魔法幫助他解決某個嚴重的問題。他在第一封電郵並沒描述自己的問題或想要請我做的事情，只有寫到他只想要介紹自己給我認識，還提供個人資訊，包括他的全名、地址、專業名銜、教育程度及關於他在某個具有影響力的正統猶太人社群的地位詳情，懇求我予以驗證與保密。他在電郵末尾重申自己的認真程度，並稱他願意負擔我到美國東岸的飛機票及個人花費，並為「這種『黑魔法』的操作」付給我相應的報酬。

你也許可以想見，敝人經常收到一些非常有特色（有時非常令人煩擾）的人們寄來的信件與電郵，也偶爾收到要我去詛咒敵人、擊退心靈攻擊、驅逐惡魔、揪出潛入人群的外星人之種種請求，或是客氣地宣稱自己是耶穌基督、阿列斯特·克勞利或卡流斯特羅（Cagliostro）。我幾乎都不去回應這些要求，然而教士伊茲瑞爾的電郵讓我直覺感受到這不是一般的請求。

我花幾分鐘在網際網路進行調查，很容易就找到伊茲瑞爾的家鄉，那是個民族意識非常強烈的城鎮。當我把他的名字放進搜索條件時，發現這個名字時常出現在該社群的宗教及教育之領導層級之中。我覺得非常奇怪的是，像這樣信仰虔誠的中堅份子居然會來要求我做具有黑魔法本質的事情。由於他自稱熟悉敝人的工作，所以我猜他也

1. 我在這篇故事不會用真名。

熟悉祕傳猶太教（esoteric Judaism）的文獻，畢竟幾乎所有最流行的西方魔法系統都是以希伯來卡巴拉為根基。那麼「黑魔法」一詞對身為祕傳猶太人的他而言，應不會有跟主流基伊猶信徒同樣程度的非理性恐懼。

我感到非常有興趣，於是謹慎回覆他的電郵並探詢問題細節，而他也迅速坦率回覆。他的獨生子大衛（David）也是教士，結婚近兩年但還沒當上父親。大衛跟他的妻子（莎拉[2] Sarah）都有去給醫生檢查，兩個人的身體都很健康，而且都具有生育後代的能力。在向我發表一小段政治真的很不正確到令人瞠目結舌的論述——他的兒子擁有後代（特別是兒子）所具有的宗教及文化重要性——之後，他再度提出邀請，即馬上帶我到美國東岸來進行任何能使他的媳婦懷孕的有償服務。

在打消自己的粗俗丑角頭腦對於此事提出的上千種露骨幼稚的可能回覆之後，我用一整天的時間整理想法並思索自己要如何回應這項邀請。我希望讀者能夠接受敝人並非有錢人的事實。我日復日、月復月地處心積慮、掙扎奮鬥，只為了要付我們那間小小雙拼屋的租金，以及獨占利益的黑心吸血集團用美國健保的名目來敲詐勒索的費用。在我與康斯坦絲的四十二年婚姻生活中，我們無論怎麼嘗試都無法擺脫外表風雅、實則貧窮（genteel poverty）的程度。我得承認，我那流氓無產階級的頭腦的確有想過要從這事態當中大撈一筆。

隔天早上，我用盡量誠懇的態度回覆電郵。我堅持他不需要把我帶到美國東岸去，他也不用來加州這裡，而且我很樂意免費為他提供魔法方面的建議。然而，我把話說得很明白，就是敝人認為利用魔法來介入他家庭的做法實屬不智。

在幾分鐘之後就收到回覆，他反倒堅持一定要我用魔法介入，而更精準的說法則是，他要我召喚《召魔書》的某個惡魔，命令它使莎拉懷孕。

而我的回覆則是，即使我願意且能夠喚出使人懷孕的惡魔，而莎拉也真的懷孕並產下兒子，整個家庭與小孩的心理層面都會有將無法避免的嚴重後果。我請他務必了解為何這樣的祝福就跟童話故事一樣，到後來會變成詛咒——為何這孩子在出生時所帶來的快樂，會很快被恐懼遮蔽，亦即煩惱這孩子的一生所遇到的每一疾病、意外、受傷或不幸，都有可能是惡魔使他誕生的黑魔法操作所帶來的邪惡結果。

而這教士的冷酷回應則是，「我自願承擔這樣的詛咒。」

---

2. 事實上，伊茲瑞爾從來都不覺得有需要跟我講他媳婦的名字，在提到她時都只用「我兒子的妻子」而已。

這個人的決心如此深厚，實在讓我佩服，這樣的無懼與專注也許會被認為是個傻子，然而這也是天生的魔法師具有的特徵。我到那時才開始了解，伊茲瑞爾已經開始推動那些能令莎拉懷孕的魔法力量，而且已在腦海中把我的參與視為他那魔法反應方程式裡面的因素之一。於是我不再阻止，並轉成竭盡所能提供協助的態度，然而我很確定不能用召喚《召魔書》裡面的靈體之方式。所以，我除了如實回覆之外，還提到自己已準備跟其他神靈商量，以清楚此事態裡面的實情以及最佳處理方法。他看似滿意我的答覆，並且向我道謝。

我不曉得當他知道我所提到的「其他神靈」，係指那監管人類至今仍在使用之最為古老[3]的占術之神靈時，會有什麼感想，因為那古老占術就是華夏文化的改變之書——《易經》。

如果你不熟悉這項超棒的占術，我得要為自己無法在這裡提供適當的簡介說聲抱歉。雖說如此，我還是可以請你去參考這份文獻的眾多良好譯本，而且世界各地的書局應該都找得到。我最喜歡的是衛禮賢（Richard Wilhelm）的德譯本再經貝恩斯（Cary F. Baynes）英譯的版本，而榮格（Carl Jung）為其撰寫的序言也很棒，這本書應算是東方神祕學（特別是易經）愛好者的寶貝[4]。

我大概在一九六〇年代成為易經的業餘愛好者，直到現在仍是如此。我在強調自己的業餘程度時，並不是出於客氣，而是若不這麼說的話，會讓人有錯得離譜的期望。據說偉大的孔子等到自己九十歲的時候才去學習這項占術，並表示自己即使還有另一個九十年來學習它的奧祕，時間還是不夠。不過，我有發現，即便是對那些由六十四卦不斷變動的線段所意指的影像僅有粗淺的認識，也都能為日常生活到崇高靈性的種種問題與課題提供洞見。關於教士所面臨的難題及其答案，我只會把如此十分私密且敏感的課題交託給這個名為易經的「神靈」。

在那天的晚餐之前，我沖個澡並穿上最舒適的魔法衣物（乾淨的黑色運動褲與運動衫），從臥房衣櫃最高的置物架拿出那本衛禮賢／貝恩斯的譯本，並解開它的包裝（傳統上會建議易經的占具在不使用時，應當收在比自己的頭還要高的地方，並用白色絲綢包好）。我把它放在一張小桌上，靠近臥室聖殿的南邊窗戶，並點燃一根線香，插在有著托盤的線香座，就放在桌子北方的地板上。

3. 易經的根源最早可以溯及華夏文化傳說中的第一位皇帝伏羲氏（約西元前四千年）。
4. *The I Ching or Book of Changes*, translators Richard Wilhelm and Cary Baynes. (New York: Bollingen Foundation Inc., 1950). Third edition reprinted with corrections by Princeton University Press, 1969.

我在小桌前跪下來，行三磕頭之禮，每次都使額頭輕觸地面。整個過程都要維持跪姿，這過程對那時候的我而言，事後總會出現某種程度的疼痛。我希望那位教士能夠感恩此事！

我解開一束乾燥的蓍草[5]（yarrow）莖幹，裡面共有五十根，然後將它們一起用右手握著，在線香的薰煙上以順時針方向繞三圈，並同時大聲提出問題：「阻礙大衛跟莎拉生育後代的事物是什麼呢？」

我抽出一根蓍草莖幹，將其橫置面前以代表至高意識。在接下來的十五分鐘，我依循較為繁複的傳統方式謹慎操作剩下的四十九根莖幹，亂數產生出數字組合以決定出一卦六爻當中的每一爻。

基本的卦象都是由六爻或六條線所組成，它們可以是實線（男—陽爻）或是虛線（女—陰爻），因此這六條線會有六十四種不同的虛實組合。就發展出這系統的古代華夏聖賢而言，這六十四種各自相異的卦象在他們的心智中所呈現原型圖像，能用於象徵種種概念、事態，甚至是對於歷史、社會、政治及個人議題的道德評論。

而這些概念就像客觀實相的萬物那樣均非處於靜止，而是處在持續變動的狀態（所以才有《改變之書》這名稱）。因此，根據答案的本質，每一卦的六爻當中任一爻都有可能處在轉換（或移動）成相反性質的過程。換句話說，每一卦裡面的每一條線都有以下四種可能：

- ◆ 實線（男—陽）
- ◆ 虛線（女—陰）
- ◆ 老的實線（男性已老到即將轉變成／移動到女性）
- ◆ 老的虛線（女性已老到即將轉變成／移動到男性）

而《易經》的內容則是針對每個卦及卦中「變爻」的評論。如果讀者看到這裡已經頭昏眼花的話，請看以下的摘要簡述：

如果可以的話，就使用蓍草莖幹的傳統占法以得出完全沒有變爻的卦。然而在絕大多數情況下，運用此法提出問題的人會得到以下三個階段的答案：

5. 蓍草還有woundwort（治傷草）及nosebleed（鼻血草）的別名。自古以來，不論東方或西方都知曉它的藥用性質。在傳統上，蓍草與易經占術的關聯從很早以前就已存在，當時是在神殿的庭院用蓍草的乾燥莖幹插成方陣，然後把神龜放進庭院，而神龜弄倒的蓍草莖幹所形成的模式就會用來解讀以得取某問題的答案。

◆ 主要的卦象（以及《易經》的對應評論）經常是在描繪那些圍繞在現今狀況的事態條件。

◆ 單一或數個變爻的對應評論，經常是指出當前狀況正在改變或將要改變的面向。

◆ 變動的爻轉換／移動到相反性質時（與其他維持不變的爻）所形成的新卦（以及《易經》的對應評論），通常最能暗示「未來」的景況。

我認為，這整個過程就好像我們在小時候用紙簿做成的翻頁動畫當中的連續三頁。若只是單獨觀看翻頁動畫在各頁的圖像，是無法了解這動畫要表達的情節或訊息，唯有藉由翻過幾頁圖像，我們才能藉由感知那些圖像所表現的移動而明白該動畫的情節。

它也跟所有占卜系統一樣，其答案終究是藉由個人自己的直覺印象而揭露出來。我們唯有熟悉如何從《易經》的華麗字句聽到答案，才會覺得它所訴說的象徵語言——就像資料量大到像是吃了很多類固醇的幸運餅乾——真實無誤。

當《易經》以非常清楚的形式回答我的問題——阻礙大衛跟莎拉生育後代的事物是什麼呢？——的時候，我真的鬆了一口大氣。以下就是它所顯示的標準三段式答案：

一、主卦是第九卦「小畜」（The Taming Power of the Small）：

二、其變爻是從下往上數的第四爻，而它的轉變會將主卦變成……

三、變成第一卦「乾為天」（The Creative」）

9

1.

即使不是占卜師的一般人，也能看得出這問題的最終答案（即這過程末尾的第三階段）就是第一卦，那是六十四卦中最「男性」的卦象。所以此事就我來看十分清楚，大衛跟莎拉會成為父母，而且他們的頭生子非常有可能是個男孩。此外，第一卦以答案之姿出現在末尾第三階段，代表這個孩子的出生會是具有特別深意的事件：

……得此卦，代表成功已自宇宙的初始之處來到他這裡……[6]

然而此卦並沒有回答，到底是什麼事物阻礙大衛跟莎拉生下這個孩子，以及需要做出什麼改變才能發展出這個未來。

所以我回頭檢視這答案的第一部分，亦即第九卦「小畜」。我們可以看到成功的受精、懷孕與出生（即烏雲密布）所需條件幾乎都已就位，但雨還是沒下：

得小畜者有成功。烏雲從西郊密布過來，但雨仍然沒下。[7]

《易經》接著詳細解釋它的意思，我從當中看到幾個重點：

……因此，即使沒有下雨，烏雲密布的圖像仍有著水氣及賜福大地的可能性……只有藉由小方小法的友善說服，我們才能有所影響……為了達到目的，我們需要堅毅的內心，但對外的關係則需要溫柔及易於調整適應的品質[8]。

《易經》對於那將小畜卦轉成乾為天卦的變爻（即由下往上算的第四爻）評論則是：

> 若是真心誠意，就不會有流血，恐懼也會離開。那就沒有責難[9]。

看到這裡，我個人當然不是婚姻諮商師，也不確定要去學習「對外的關係則需要溫柔及易於調整適應的品質」課題的人到底是大衛還是莎拉，然而就我看來，他們的關係應該有著實質的恐懼，而且「某個人」應該沒有很注重浪漫情愛應有的氛圍。無論如何，如果大衛有遺傳到他父親的嚴肅冷漠及固執的話，那怕只有遺傳到一點，也會使莎拉承受大量情緒壓力——也許大到足以阻止懷孕。所以大衛若在態度或行為上做出一點改變，也許就能夠中和男方的焦慮與女方的恐懼，並維持足夠的時間以解決這個問題。而《易經》對此卦象的評論也看似同意這個論點：

---

6. *I Ching*, 4.（譯註：即「乾，元亨……」。）
7. *I Ching*, 40.（譯註：即「小畜，亨，密雲不雨，自我西郊。」）
8. *I Ching*, 40-41.
9. *I Ching*, 42.（譯註：即「有孚，血去惕出，无咎。」）

風橫越天上，即小畜之象。所以君子當改善自身本性的外在面向。[10]

對我來說，這樣就夠了。「神靈」已經講出答案，而我很確定莎拉與大衛將會有個兒子、伊茲瑞爾則會當上祖父，而這個位於美國東岸、如同神話般的社群所維繫的古老傳統至少還能再延續一代——只要身為「君子」的大衛，能在「床第之間」表現出「改善自身本性的外在面向」的話。

我寫電郵給伊茲瑞爾，告訴他我已諮詢過神靈們，所以只要大衛願意努力在做愛之前溫柔對待莎拉、讓莎拉覺得他很有吸引力的話，我確定他們兩個將會生出一個男孩。然後我又自顧自地冒險加上一句：「使這個小孩來臨的受孕時機，將是他們兩個躺在床上相擁嬉笑的時候。」說實在，我還真不知道自己為何在電郵後面加上那句話，它就是突然在腦海中浮現，就好像我暫時被類似電影《屋頂上的提琴手》（Fiddler on the Roof）的某些角色附身那樣。

我馬上收到回覆的電郵，然而除了感謝我的協助以外就沒有其他意見。於是我擔心自己的答案也許太過老套、太過私密或太不像魔法（或是太像《屋頂上的提琴手》）而沒被認真看待。

大約六十天之後，我收到一封令人振奮的電郵，說莎拉已經懷孕，而全家上上下下都在期待最棒的結果。

再過約六個月之後，我收到教士的電郵，他自豪地宣告孫兒的誕生，以及一句簡訊：「感謝你的努力。」

10. *I Ching*, 41.（譯註：即「風行天上，小畜，君子以懿文德。」）

第十三章

七苦聖母中學的驅魔儀式

第一部分　著魔的學校

我對撒旦的恐懼，還沒到我對恐懼撒旦者的恐懼之一半。

——聖女大德蘭（Saint Teresa of Avila）

低階魔法（至少是我們藉由本書定義的那種）當中最戲劇化的代表，也許就是驅魔術（exorcism）的技藝。驅魔術可以溯回到史前時期，它與生育、狩獵的儀式，都有可能是人類最古老的靈性修習方式。如果用驅魔術本身的思維模式來撰寫關於該技藝的介紹，其危險性足以與驅魔術本身相等——甚至更加危險，因為造成嚴重誤解的機會實在太多，更別說無知與恐懼會促使迷信的人類做出多少惡事。

對於資歷尚淺的魔法師、半吊子及門外漢而言，他們在幻想要去面對寄生在飽受折磨的靈魂裡面的惡劣魔鬼並進行魔法大戰的時候，總是散出對於英雄主義、靈性浪漫以及冒險精神的期望。但事實上，就驅魔術的主題而言，這整個讓人感到悲哀的事情在很多時候僅是惡臭不堪而已。

我覺得有必要一直提醒你，敝人並非心智健康的專家，也沒有任何心理學的學位，所以請要了解我對於這主題的意見完全出自於魔法的觀點，還有我跟尋求敝人給予建議或協助的人們（這當中有些人的確讓我覺得需要進行驅魔，然而就我看來他們大多數並不需要做這件事）相處的經驗。

請要記得，關於心智健康的學問其實還在萌芽階段，而在過去數百年當中，諸如羊癲瘋、精神分裂、沮喪、解離性身分識別障礙（又名多重人格障礙）及其他無數身心病症都被認為是超自然因素造成的結果。那些將特定身心異常狀況歸類到惡魔或靈體附身的古代醫師——特別是當病患的靈性實相含有對於靈病（spirit illness）及惡魔附身（demon possession）的堅定信念時（這一點務請記住）——也許並沒有錯得太過離譜。即使到現在，我們對於疾病的觀點，仍然不是把它看成是身體對於遺傳的異常狀態、不健康的生活方式、化學或生物毒害的自然反應，而是為它戴上擬人面具，成為我們需要去抵抗、爭鬥及戰勝的惡毒敵人。

睿智的古代巫醫、薩滿或醫師知道只要先把心治好，身體狀況應會跟著改善。如果病患在內心將某疾病直接擬人化成某個很普通的常見惡魔——也就是一隻可被熟練的驅魔師趕走的擾人害蟲——那麼病患自身的恐懼與迷信所散出的龐大負面能量就能予以倒轉，並當成緩解病症的正向力量來用。受到《新約聖經》療癒事蹟[1]的啟發，現代的信仰療法治療師對於生病的信徒——亦即他們所牧養的那些全然抱持迷信、簡單與絕對的靈性觀點之信眾——仍能有效運用這項史前技藝的各種變化形式。

然而，我在這裡並不打算講述一些驅魔或信仰療法的故事供你享用，甚至也不會講關於從某位受苦的個人身心當中、驅除那被指控造成此事態的無形存在或靈性力量之驅魔過程。相反地，我將與你分享在某間學校進行的驅魔故事，當時那裡的教職員與學生接連發生悲劇，而那樣的連續性真是讓人憂心。

然而公布這學校的真正名稱[2]、所在的城鎮或州，並不是恰當的作法，而且也不明智。所以我只會跟你說那是一間天主教女子中學，係由某個道明會修女團（Dominican Sisters）在一百多年之前創立的學校。這間學校（我稱之為「七苦聖母中學」）的校長

（我這裡就用瑪莎修女來稱呼她）之所以聘我過來，係因發生某些狀況，等一下就會詳述這部分。

在開始講述此事之前，我得要暫停一下並提醒讀者，羅馬天主教教會（Roman Catholic Church）有用於驅趕魔鬼與惡靈的正式驅魔儀式[3]（但其使用時機很少，而且也要有主教的監督與授權才能進行），其過程就像那部眾人皆知的電影《大法師》[4]（The Exorcist）那樣。而這項驅魔儀式現在很少使用，原因有幾個，其一就是現代教會不太能夠接受如此中世紀到相當丟臉的事物，另一原因則是教會在這方面有著冗長到不行的繁瑣手續，其中包括要用教會可以接受的方式證明與黑暗王子展開激烈衝突的必要性。

在這當中所要提出的證據，須符合非常複雜難懂的特定標準。此外，如果證據確

1.〈馬太福音〉9：22及15：28、〈馬可福音〉5：33–35、〈路加福音〉8：42–49、〈使徒行傳〉14：8–10。另請參考敝人著作《意外的基督：由其叔父述說的耶穌故事》(*Accidental Christ: The Story of Jesus as Told by his Uncle*. Chicago: Thelesis Aura, 2006)。

2. 我在這裡稱這間歷史悠久的學校為「七苦聖母中學」(Our Lady of Sorrows)，但不是真名。

3. 羅馬禮（Roman Ritual）裡面的驅魔儀式文本係於一六一四年寫就，並在後續的梵二會議（Vatican Council II）修訂。樞機主教喬治．梅迪納則於一九九九年提出「羅馬禮用於驅魔的新儀式」。

4. *The Exorcist*. Warner Brothers, 1973. Book and screenplay by William Peter Blatty.

鬆的話，還得再花時間尋找願意授權進行驅魔的主教，若主教不願或無法自己驅魔的話，還要找到願意進行且能力足夠的驅魔師。若要請出第一流的羅馬天主教驅魔師，通常要跑好幾年的流程。所以有很多時候，在驅魔師能像電影那樣從霧中走出來、敲響信徒住家大門之前，被附身者早已有所改善（或以非常有趣的方式去世）。

至於為何會要求主教來進行驅魔，係源自基督信仰的傳統，認為主教應該有某種魔法電力，是邪靈憎恨、恐懼且無法抵抗的事物。當然，教會不把這股力量視為「魔法」，然而若就主教們對於此力的描述來看，應該除了「那是魔法」之外不會有別的想法。主教們仍維持藉由按手禮以及傳遞此力的全然意願，以一對一的方式傳遞這股力量的作法。換句話說，某個主教能將雙手按在另一男人[5]的身上，將他立為主教，並說出類似以下的語句使其生效：「某某某，我意願要立你為主教，所以我會把手按在你身上，將自己的一些魔法電力傳給你。我沒問題的，電力再做就有。」

於是就像連環鎖鏈那樣，眾人用甲接觸乙、乙接觸丙、丙接觸丁的方式，將這道魔法電力毫無間斷地傳遞下去，而這種一對一的接觸傳遞可往前溯至西元一世紀的聖彼德（Saint Peter）。

然而就我的觀察，這個彼得儘管有許多令人讚賞的靈性品質，若依諸福音書的說法，他應算是最蠢的耶穌門徒，然而請別就此認為我的大不敬毫無道理而言。他到底有多蠢呢？他蠢到耶穌在某次很少見的憤怒爆發時稱他為「石頭」（rock）。在西元一世紀的巴勒斯坦地區稱某個人為「石頭」，其意思完全跟教會在黑暗時期捏造的荒謬解釋不一樣，因為教會對此事實記述也同樣感到困惑與尷尬——畢竟它在那時候並不是用來稱讚對方的詞。亞蘭語（Aramaic，據稱是耶穌所用語言）的「石頭」是相當侮辱人的表述詞句。它的意思不是「兄弟，我認為你很『沉穩』」，而是「我認為你是笨蛋，就像石頭那樣又笨又蠢！」耶穌接著說一些話，意思是未來整個教會將會建立在這顆如此不會動搖的石頭上[6]。（就這句話來看，可以證實耶穌明顯是個厲害的先知呢！）

這條從聖彼德傳到現代主教的魔法電力鎖鏈，被稱為宗徒繼承（apostolic succession）。而這力量（不論是真實的或出於想像）就像電力那樣，本質是中性的。你一旦擁有它，它就是你的，而且無法被取走。如果教會膽敢承認這樣的力量可以被取走的話，那麼教會就得要承認這力量其實從一開始就沒有原先所稱的那麼強勢有力。

5. 在羅馬天主教與東正教的教會中，主教的按立（領受主教聖秩）幾乎算是「男人」的事情。
6. 〈馬太福音〉16：18。

說到底——還有就技術層面而言——它跟個人在教會（事實上是任何教會）的會籍完全沒有關係。如果你接受持有此力之人的碰觸——而且對方是帶著傳遞此力的全然意圖來碰觸你的話——那麼你也會擁有這力量，完全就像在傳染蝨子那樣！

我知道上述這些關於主教及魔法電流的敘述，看似岔離本章比較讓人感興趣的主題，然而我想要你知道此事，使你能了解我之所以會被聘來為某間羅馬天主教學校進行驅魔，其原因之一就是——事實上，敝人雖然不是羅馬天主教的信徒，也不是東正教的基督徒，然而我也擁有主教的那個蝨子喲！

那些促成我接受如此不尋常的獨特力量之境遇，其實說起來還挺有趣的，但會更加遠離本章的主題。這麼說好了，我是個貨真價實的主教，擁有來自至少三十個傳承的真實宗徒認證，而這些傳承都能溯回到聖彼德或基督的其他門徒之一[7]。但這裡有我認為你應要知道的重點，就是敝人並不認為接受如此多的祝聖就可以使我擁有超常的靈性優勢或魔法力量。如同這行星上的其他個人，我所擁有或缺少的任何美德或魔法力量，均是源自個人承接的命運所示現的無常以及敝人於靈性進化的努力，絕對不是因為接受那從「笨蛋彼得」開始、藉由一長串的男性所傳遞的碰觸之結果。然而那所學校的校長瑪莎修女，則因自己的靈性世界觀而有相反的看法。

不過我又把話說得太快，所以還是從頭詳細說起這一切吧。

這件事情的開始，是源自我的哥哥馬克在為他的靈氣導師做療癒個案時的對話。馬克天生就是個厲害的治療師，但他也無法解釋為何如此（關於馬克的獨特能力之背景資料請參閱本書附錄一）。我都笑他，說他那裝著「氣[8]」的籃子應該有漏，所以無論走到哪裡，精微能量就灑到哪裡。就算那樣，每當馬克的老師生病的時候，他是唯一能為老師進行個案的治療師。在那次個案治療過程中，馬克的老師有提到他的親姊妹是道明會的修女（也就是瑪莎修女），在鄰近城市的七苦聖母中學擔任校長。那間學校在整個州當中算是歷史最悠久的天主教女子學校之一。而她最近跟馬可的老師抱怨，稱那學校的大樓讓人很有精神不健康的「感覺」，還問他有沒有認識可以來為學校建築進行靈性淨化的人。於是他就跟他那身為修女的親姊妹說自己的確認識某個會散發大量

7. 參見附錄二。如果你認為此類事情相當重要的話，那麼我想你應該有興趣知道敝人在這裡提及的聖化儀式係來自宗徒譜系，而且除此之外還具有「東方聖殿騎士會」的基督信仰教會分支、即靈知天主教會大主教的身分。
8. 氣（chi 或 qi）是生命的陽性原則或能量流動，跟瑜伽的普拉納（prana）概念相似。
9. 你也許會認為這番對話實在非常主觀且很新時代，但請要記得這兩個兄妹（或姊弟）的生長環境，是能夠允許其中一位成為羅馬天主教的修女，而另一位成為新時代治療師的環境喔。

良善能量的人，並建議她跟馬克聯絡。[9]

瑪莎修女聯絡馬克，而他也同意過去做一次整個掃過一遍的淨化。幾天之後的某個晚上，他就整晚單獨待在學校的大樓裡面，依序走到每一樓的每一房間進行「淨化」，等到做完時，天也快亮了。瑪莎姊妹在幾天之後與他聯絡，除了表示感謝之外，還有提到大樓給人的感覺有變好很多。事情似乎到此告一段落，馬克跟瑪莎修女也沒有繼續聯絡——直到一年半以後，瑪莎再度聯絡馬克，稱學校正在發生可怕的事情。

她接著講述，在過去三十天以來，學校的教職員及其家庭所發生的連串不幸事件與悲劇。在一開始是一場車禍，而學校的某位年輕行政助理跟她的嬰孩在事故中活活燒死。幾天之後，某位快要五十歲的男老師跟大家說自己被診斷出罹患胰癌，而他講完一週不到就過世了。負責修繕的員工斷掉一根指頭，而會計則因跌跤而摔斷髖部。

學校職員很快就開始議論詛咒的可能性，但他們越講，事態就越嚴重。每一天都有新發生的可怕事情：骨折、切乳、意外的疾病、謀殺或家裡有人自殺。除了一連串發生在個人身上的悲劇之外，學校大樓本身也開始有奇怪的「表現」。一早進學校的老師會發現書桌已被移動、紙張撒了滿地。某根裝在教室天花板的日光燈管突然炸開，玻璃碎屑就撒在學生們的頭上。整個學校的行政管理階層都被嚇得手足無措。教師們則是在休息間交頭接耳地凝聚集體的恐懼，並迷信地將這可怕的連續事件擬人化為惡魔親自進行的攻擊。

而在瑪莎修女聯絡我哥的幾個小時之前，發生了一件對學生而言最恐怖、最令他們受創的事情，就是學校最受歡迎、大家都敬愛的凱瑟琳修女（Sister Catherine）的猝死——這位生氣蓬勃、沒有任何已知健康問題的年輕老師在課堂上突然倒地，就在驚恐的學生們面前因怪異且猛烈的心臟病突發而死。

瑪莎修女嚇壞了，坦言自己認為學校裡面應該有需要用到驅魔儀式對付的邪惡存在。馬可則稱驅魔術有點超過他的專業範圍，然而他有提到自己的弟弟是儀式魔法師，也是靈知派有接受祝聖的主教，在過去有參與過幾次驅魔儀式。於是瑪莎修女要求馬克聯絡敝人，看能否當天晚上來學校一趟。

馬克打電話給我，並盡量重複強調此事。我想你應該猜得到，這是敝人非常有興趣的事情。我請他致電瑪莎修女，稱我們兩個人會一起去見她，還有如果可以的話，會在那棟大樓待一整個晚上。

我掛上電話，就坐在那裡一會，沉思自己到底攬下什麼麻煩——我要怎麼為某間學校的大樓驅魔？到底要驅什麼東西？我個人堅信，所有的學校「全」是容易鬧鬼的地方，特別是中學，因為即便是最理想的中學，也都會充斥著累積數十年的混亂能量，那就是迷惘及受苦的青春期少年少女所散發的性能量。可惡！我想到自己仍會以靈體的方式在以前讀的高中或國中走廊上遊盪！會在夢境或惡夢中看到自己因為上課快要遲到而跑了起來，但又不記得上課時間或是教室號碼；有時則會發現自己正在爬學校的樓梯，或是卡在不記得的走廊牆壁之間。中學是困住鬼魂的陷阱，對活人也是如此！

想想看，在那歷史如此悠久的天主教女子中學，一代又一代的數百個女孩年復一年地擠在那些懸掛怪異聖像的房間裡面，經歷蛻變成女人的神祕過程，並隨著女性獨有的初潮奧祕現象而散放出龐大且變幻莫測的念力能量。在調查鬧鬼事件與超自然現象時，專業的調查人員也是基於這理由才會先問「這屋子裡面有正處在經期的女孩或女人嗎？」史蒂芬・金（Stephen King）的小說及電影《魔女嘉莉》（Carrie）所使用的前提設定真的沒有很誇大哦。

所以，對於這間學校的大樓本身具有抓住某個邪惡力量並激怒之的可能性，我並沒有很驚訝，只是不知道那股被抓住的力量到底是什麼。此外，我還得想出哪種魔法方程式適合用於此類操作。

頭腦動得太快，我需要冷靜下來、落實自己。我需要進入神聖空間，那應是我可以跟神打電話的個人包廂、應是不那麼全知的我聆聽真實全知的「我」說話的地方。剛好我知道這樣的地方真的存在，距離電話才幾步之遙而已，於是我褪下衣物，走進「沐浴間」。

那裡的熱水從我的頭頂一路沖洗到腳趾頭，就像聖靈的降臨，讓人感到幸福，我的雙手則在忙著進行沖澡的自動流程——而我的腦袋在這時候進入自動導航模式、熟悉的味道與感覺佔據所有的感官，所以我的心智得以解脫出來，聆聽那股偉大智性，與之相比，我的個人智性只能算是它的渺小模糊倒影。

我曾在沐浴間作出整首歌曲。我曾在沐浴間構思出要寫的書。而且我每個月都是在沐浴間想出自己要怎麼「付房租」的呢！於是那個下午，在沐浴的熱水變冷之前，我清楚知道自己要怎麼為七苦聖母中學進行驅魔了。

第二部分　準備

達米安．卡拉斯神父：「我想跟你講一下芮根所具現的不同人格之背景資料，應該會有幫助。就我看來應有三個……」

梅林神父：「那裡只有一個。」

——電影《大法師》[10]

我總是觀察到（其實都是後見之明）魔法操作的真正「魔法」，都是在準備階段完成的，而不是儀式本身的執行過程。魔法儀式僅是那將魔法師的意志電流落實接地、完成所有層面的能量迴路的封印。

就像智慧女神米娜瓦（Minerva）從主神宙斯（Zeus）裂開的頭顱跳出來那樣，整套要進行的驅魔儀式在我跨出沐浴間之前已然形成，它就在使用洗髮精到潤髮乳當中的永恆片刻，於我的腦袋結晶成形，而觸發它成形的因素是某個簡單的形象——那就是兒時記憶中任職於小學的老工友賈克博先生[11]。他的打掃方法既簡單、有序又有條理。在打掃體育館的時候，他會從樓層的各個角落把灰塵與碎屑全掃出來，把它們集中在樓層中央，形成能夠看得清楚的一堆東西，最後再用掃把大力一揮，就把整堆髒東西掃進畚箕裡面。

我打算做同樣的事情，就是把此現象的整體——即折磨學校與在其中生活的人們之力量與能量的聯合整體——掃成一堆，然後將這一整堆當成單一靈性存在來應對。我會專注創造出某個主惡魔——它是所有各自做出特定胡鬧與可怖行為的次等惡魔之體現——並在所羅門的技之三角（Solomonic Triangle of art）召喚它。一旦把那個討厭的傢伙困住，我就會與它展開適當的對話並驅逐之、詛咒之，有必要的話，就用所羅門魔法裡面經過實際驗證相當有效的技術消滅之。

你也許會覺得敝人有點自以為是。畢竟，杜奎特要從哪裡開始創造惡魔呢？在這宇宙到處遊走的邪靈不是已經夠多了嗎？我得承認當時根本沒想到這個問題，那是因為七苦中學的員工、教師與學生，在其整體意願與意圖中，已經將這個惡毒靈體創造出來，他們只是還不曉得它的名字，那時的我也暫時還不知道。

10. *The Exorcist*. 餘請參考本章註4。
11. 美國內布拉斯加州哥倫布市（Columbus）的高地公園小學（Highland Park Elementary School）。我還記得賈克博先生（Mr. Jacobs）有著又長又彎、像鷹爪那樣厚的指甲。

名字裡面有什麼呢？幾乎每個時代、文化的魔法傳統都有流傳某個放諸四海皆準的原則，那就是魔法師若發現某靈性存在的名字，就有力量掌握它。請回想一下侏儒妖（Rumpelstiltskin）的故事。傳統的所羅門魔法文獻或《召魔書》的內容就有提到七十二位靈性存在的名字[12]。書裡面還有各個靈性存在的「印記」（sigil）或「封印」（seal）圖像，這是召喚術裡面非常重要的構成部分。說實在的，對應的靈性存在之所以能在魔法師面前出現，就是借用那放在技之三角裡面的封印。

標準的儀式會用到兩個同樣的印記，其中一個畫在魔法師戴在脖子的金屬牌上，另一個則是畫在紙上，並放在靈體將會出現的技之三角當中，於是魔法師與特定靈性存在就藉由這兩個印記而連在一起。特定的靈性存在的印記會吸引它過來，使它困在技之三角，而魔法師則站在相對安全的魔法圈裡面。這部分等會再繼續講。

所以我的第一個任務就是找出這個靈性存在的名字，然後用它名字的字母做出對應的印記圖像，並在後續的魔法操作運用之。至於此事的最佳作法，我相信其他魔法師都有自己的想法。而這一次，我選擇用靈擺來找名字。經過多年歷練，我在魔法及占卜操作運用靈擺算是有些熟練，而敝人的靈擺則是一小顆垂在約有18英吋長的線末端的黃銅測錘，係好友唐納德．偉瑟（Donald Weiser）所贈。我有多種運用靈擺的方法，然而針對這次任務，我會用它的轉動來測一連串的「是非題」——順時針轉動代表「是」，逆時針轉動則代表「否」。

我走到車庫，翻出家裡的拼字遊戲盒（Scrabble）[13]，然後把它打開，將裡面的字母方塊全倒在客廳的咖啡桌上。我把這些方塊全部翻成背面朝上，並花些時間像洗牌那樣搓弄它們，然後把靈擺的線頭綁在自己的魔杖尖端，開始挑選那些可以拼出該惡魔之名的字母。

這樣的場景應該很難看到：某個穿著黑袍的大個子坐在沙發上，朝桌上每個方塊輕輕挑動自己的魔杖及靈擺，就像在拿著迷你釣竿那樣，同時還對（看似）無人的空間大聲問著：「這是七苦聖母中學的惡魔名字裡面的字母嗎？」

過了十分鐘之後，靈擺只挑出三個方塊，我就把它們放在旁邊（仍保持背面朝上），將其他方塊收回遊戲盒中，然後再用靈擺一一測出這三個字母在那惡魔名字的排列順序，到這時候才把三個方塊翻回正面。看啊！名字出現了。

12. Crowley, *Book of the Goetia*, 27–64.
13. Scrabble 係為 Hasbro 公司的產品。

S（ㄙ）、L（ㄌ）、G（ㄍ或ㄐ）——這個沒有母音的名字看起來挺妙，它是否唸成「撕辣戈」（Slug）？「司洛各」（Slog）？「思立哥」（Slig）？「斯魯箇」（Sloog）？「似萊桔」（Slyge）？「絲露菊」（Sludge）？我得承認「撕辣戈」聽起來像是惡魔完全應該會有的壞蛋名字。如果用希伯來字母表示的話，它們也許會是ס（Samekh）、ל（Lamed）、ג（Gimel），而每個字母也象徵某個數字，就此例而言，ס等於60、ל等於30、ג等於3，所以它們的總和為93。

對許多像我一樣贊同「泰勒瑪」[14]的魔法文獻及其格言「依汝意而行即是律法的全部」（Do what thou wilt shall be the whole of the Law）、「愛即律法，愛支撐意志」（Love is the law, love under will）的現代赫密士卡巴拉神祕家而言，數字93是個非常重要的數字。如果你有跟泰勒瑪的習修者交流過的話，也許會注意到我們會在自己的信件或電子郵件以前句作為開頭，並以後句作為結束。「意志」與「愛」的希臘字就是「泰勒瑪」（thelema）與「無私的愛」（agape），而換算成數字之後的總值都是93。在非正式的場合中，泰勒瑪魔法師常把這些詞縮減成數字要素，所以他們在相互致意時會簡短且友善地說：「93。」

我原本以為這個惡魔在跟我玩，但在想到這個靈性存在名字裡面的「S」也可以轉成數值為300的希伯來字母ש（Shin），所以名字變成Sh、L、G，總和為333的時候，原本覺得好笑的感受馬上冷卻下來。

我瞭解本書的讀者並不一定是魔法師或赫密士卡巴拉神祕家，所以也許比較不會了解對這些數字斤斤計較的背後意義。然而對於許多現代魔法師而言，333這個數字所代表的意思會比其他數字更使人恐懼，因為它就是大惡魔庫隆融（Choronzon）的數字，而這個大惡魔居住在生命之樹裡面所有路徑都沒連過去的「深淵」（the Abyss），那是可怕的「反域」（anti-region）。

每個魔法師在攀爬意識的進化階梯過程中，早晚必得穿過那道深淵的鏡像。在魔法師的意識認知自身真實本質與那神聖事物的真實本質完全一樣的過程中，深淵的鏡像會是最後一道阻礙。個人小我無法通過深淵，說真的，魔法師在此之前認知為「自己」的一切事物都無法通過那道可怕的虛無。如果成功「跨越」到對面的話，屆時將

14. 以下資料來自維基百科：「泰勒瑪係以『依汝意而行即是律法的全部……愛即律法，愛支撐意志』格言為本的哲學或宗教，而該格言係出自阿列斯特・克勞利的《律法書》（*Book of the Law*、Liber AL vel Legis）」。泰勒瑪（Thelema）的英文字彙係音譯自通用希臘文（Koine Greek）代表「意志」的名詞「θέλημα」，而該字係源自代表「意願、希望、給予目的」動詞「θέλω」。

會出現與佛（Buddha）、聖殿大師（Master of the Temple）相等的意識，係以生命之樹第三輝耀庇納（Binah）為象徵。如果跨越失敗的話，那個依然緊抓小我的虛假身分認同不放的魔法師，就會墜落深淵，迷失在「假」輝耀達阿思（Daaht）的永久瘋狂之中並封閉起來，無法接受來自「上」[15]的神聖力量，也無法享受來自「下」[16]的俗世意識之各種幫忙轉移注意力的事物。

那麼在當我們對這項資訊過於激動之前，我要先跟大家講清楚，敝人目前明顯處在生命之樹意識進展階梯的低處。我不認為自己在那一天——或是今天——會面臨意識進階的跳崖大危機，然而我在那時真的將數字93與333轉譯成那位惡魔要告訴我的私人訊息（因為看起來的確如此），係由兩個部分所構成。我用粗俗且簡單的文字歸結如下：

◆「93」——哈囉，隆。你這個自信滿滿的泰勒瑪魔法師，我有收到「你」的數字囉！

◆「333」——別想動我。我可是超級壞的惡魔！

我不想深入解釋這些數字的出現所具有的魔法細節，因為它們關聯到該惡魔的名稱與我自己的魔法專業；也不想過度強調或過度戲劇化數字93或333在這裡的重要性。這一小段卡巴拉資訊為這次魔法操作增添屬於我個人的靈性維度，使我感到不安——你只要知道這樣就好——因為那資訊用明確的字詞告知我即將要參與的那場爭鬥，跟我自身意識進展旅程有關的那些看不到且意識不到的課題有著密不可分的關連。說真的，這是屬於我的戰鬥、我的危機，以及我的意識進階機會。瑪莎修女並不知道這件事，然而藉由請我去為七苦聖母中學驅魔，她也等同要我去召出自己裡面的惡魔並驅逐之。思索至此，你就會發現，事情怎有可能不是如此？

至於那個惡魔的真確名稱，我決定把兩種拼法都納進來，稱它為SLG-ShLG，唸做「撕辣戈－虛辣戈」（Slug-Shlug）（我認為這名字很有恐怖小說作家洛夫克拉夫特（Lovecraft）的格調）。

---

15. 即生命之樹的上位三角（the Supernal Triad）——第一輝耀科帖爾（Kether）、第二輝耀侯克瑪（Chokmah）與第三輝耀庇納。

16. 即位於生命之樹上位三角下方的七個輝耀——第四輝耀黑系德（Chesed）、第五輝耀葛夫拉（Geburah）、第六輝耀悌孚瑞特（Tiphareth）、第七輝耀聶札賀（Netzach）、第八輝耀侯德（Hod）第九輝耀易首德（Yesod）與第十輝耀瑪互特（Malkuth）。

我使用位在赫密士玫瑰十字（the Hermetic Rose Cross）中央的大朵玫瑰，依上面顯示的字母製作撕辣戈—虛辣戈的簡單印記。

赫密士玫瑰十字

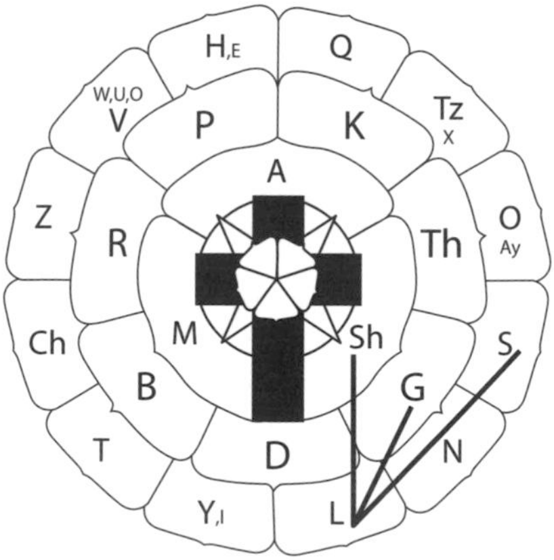

繪於希伯來字母玫瑰的撕辣戈—虛辣戈印記

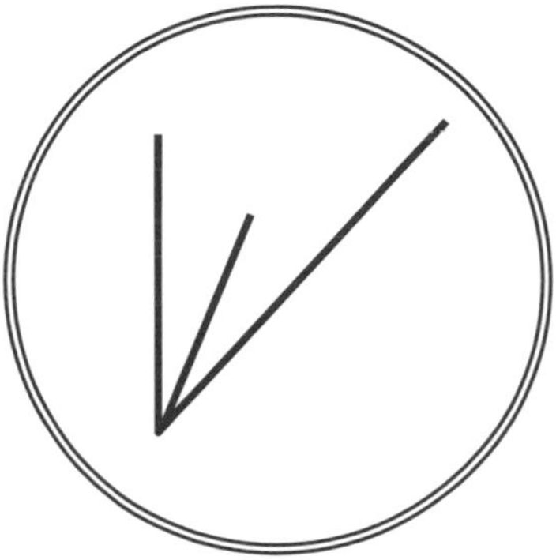

撕辣戈－虛辣戈的印記

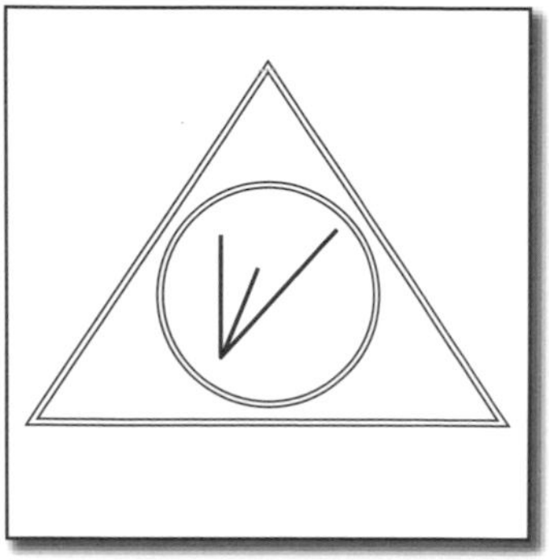

放在召喚三角裡面的撕辣戈－虛辣戈印記，繪於 3 英吋見方的黃色便利貼

到這一步，我已經知道這個靈體的名字，也有它的印記，就拿奇異筆把印記繪在某個已接上項鍊的圓形銅片之正面。我會把它戴在頸上，於撕辣戈－虛辣戈出現在召喚三角（the Triangle of Evocation）*之中時向它展示，使它在整個儀式期間都受我束縛。銅片背面則刻有所羅門五芒星（the Pentagram of Solomon），象徵魔法師的小宇宙，還有他對於自己、對於元素界的熟練掌握。這是魔法師會在該靈體出現時顯示的第二張圖像——就像警官在面對壞人時亮出自己的警徽那樣。而當靈體變得固執或態度更加……糟糕的時候，它的確也是個方便亮現、用於警告的事物。

*譯註：即前面提到的技之三角。

所羅門五芒星

所羅門六芒星

然後我在一疊新的三英吋見方黃色便利貼最頂端的紙片畫上三角形，並在它裡面畫出該靈體的印記。我等一下就會解釋為何這裡要用便利貼，現在只要知道我會在整個召喚儀式期間把這疊便利貼放在召喚三角裡面就好，它會在後續的驅魔過程中扮演重要的角色。

現在，召喚惡魔撕辣戈—虛辣戈的一切所需事物都已備妥，但距離馬可開車來接我的時間剩下不到兩小時，所以我得加快動作。此次操作並不是直截了當的召喚，亦即不是以下的流程：魔法師直接召喚靈體、介紹自己、賦予靈體相應的任務，然後命令它離開，像個好夥計那樣去完成賦予的任務。我趁這次機會打算做以前從沒做過的事情，甚至在過去擔任驅魔師的時候也沒做過，那就是我會在某地點（我家）正式召喚那個靈體，然後在不把它從召喚三角遣走、也不跨出個人所設下的魔法圈保護區域之前提下，將我那已經啟動的聖殿（裡頭有我的魔法圈以及留在召喚三角裡面的惡魔）移動到另一地點（七苦中學），然後就在那裡於半夜時分繼續魔法操作以進行驅魔。

現在來講此事的做法。

第三部分　預先召喚

「……因為他的法袍應不止於身上的睡衣、他的儀具應不止於手上的枴杖、他的薰煙應不止於燃燒的柴火、他的獻供應不止於眼前的杯水吧？」

——《阿斯塔蒂之書》（LIBER ASTARTÉ）[18]

某些喜愛古老召喚術精緻從屬用品之魅力的魔法師（及準魔法師），恐怕會對以下所述的匆忙即興構成之惡魔撕辣戈—虛辣戈召喚儀式感到失望。但我能跟你保證的是，在過去三十五年以來，敝人已多次經歷絞盡腦汁為自己打點「最適合」的衣袍、「最適合」的魔法武器，並為聖殿安排「最適合」的家具（包括「最適合」的魔法圈與召喚三角，上頭還要寫有「最適合」的神聖之名與力量文字）的過程。整個架構的要素都已經深深嵌進我的心靈裡面，我敢說自己甚至能在夢中重建基本架構——現在回想起來，我有時就是那樣做的。

但就這次魔法操作而言，我得要在非比尋常的條件之下快速進行。我的操作空間與魔法武器都必得是斯巴達般地精簡，而且要能移動。以下是我在這次操作使用的魔法物品，它們均已聖化[19]：

◆ 17英吋（約43公分）長的杏木杖。
◆ 一條長約11英呎（3.4公尺）細絲線，頭尾相繫時可以鋪成半徑約3.5英呎（1.1公尺）的圓形。
◆ 一副木匠在用的折尺，它在完全伸直後可以折成同樣長度的三段，就能形成邊長約22英吋（55.9公分）的正三角形。
◆ 一塊附有項鍊的銅片，正面繪有撕辣戈－虛辣戈的印記，背面則是所羅門五芒星。
◆ 一疊便利貼，上面繪有一個三角形，其內是撕辣戈－虛辣戈的印記。

18. 如果你還沒讀過本章，現在請從頭讀起。
19. 魔法師會為自己的每項魔法工具分別進行聖化，使它們經歷類似入門儀式的種種階段。這些物件會被視為慕道者以接受驅邪、淨化、賦予特定任務、膏抹聖油，並完全奉獻在魔法的用途上。我用來召喚靈性存在的所有物品，無論有多簡單或即興，都會經歷如此的聖化過程。

◆一個陪審員夾式證章，這是某次擔任陪審員時不小心戴回家的東西。我在這個非法獲得的物品黏上所羅門六芒星圖像的紙片。這個六芒星將會夾在我的儀袍上，其用意是向那靈體展示敝人已與大宇宙的神建立起無法摧毀的連結，以及敝人係有來自至高者的支持以進行此事。

單就召喚儀式的衣著而言，我頭戴紫色的猶太圓頂小帽、身穿全黑的衣袍，並披掛敝人的主教聖帶——那是一條又長又寬的帶子，係用許多刺繡材料織就。而在披掛聖帶時，則是將聖帶從頸後往前披掛，兩端則垂在身體前面。而我的主教聖帶則用希臘十字、裡面有眼睛圖案的三角形、下降的鴿子與聖杯的圖案構成紅金交織的寬帶。至於後續要在學校進行的驅魔儀式，我會穿戴猶太圓頂小帽，那條主教聖帶則披褂在外出服飾（黑長褲、白襯衫及全黑領帶）的外面。

我趕緊在自己的辦公室清空一塊地方（就像大力士海克力斯清理國王奧格亞斯的畜欄那樣費力）、為聖殿進行驅邪與淨化（大致上跟本書第六章所述過程相同），並將木匠折尺扳成正三角形放在地上。那疊上面繪有靈體印記的便利貼，就放在這個召喚三角的中央（這裡要注意的是，便利貼上面的印記也有用召喚三角圍起來）。我接著在召喚三角裡面、便利貼的旁邊放置一個小香座，然後插上一根點燃的線香。最後，我將那條絲線頭尾相繫，並在地上擺出粗略的魔法圈。我的聖殿就此完成準備。

我拿著魔杖，在魔法圈裡面坐下，花些時間望入繪於黃色便利貼上面的三角形，它的裡面是撕辣戈–虛辣戈的印記。此時每一事物都有種古怪的平靜——惡魔的印記就躺在點燃的線香旁邊，而那小小的紅色火點正優雅地散出蜿蜒的煙霧。我閉上眼睛，開始在腦海中默念自己的迦尼薩真言，並如同本書第十一章所述，觀想祂那驅逐與祈請的宇宙之舞。而這部分一如往常地發揮功效，使我在很短的時間確實回歸中心。我張開眼睛，了解到雖然萬事萬物看似跟我分別存在，然而它們「都不在我自己的外面」——即我完全等於大G。

一旦與「上」有著穩固的連結之後，我就著手連結「下」，拿魔杖直指撕辣戈–虛辣戈的印記，並將它召至召喚三角裡面。

絕大多數現代所羅門魔法師會將《所羅門小鑰》（Lesser Key of Solomon）[20]當成靈體召喚的指南與操作設計，其裡面是一頁又一頁的處理方式、召喚過程與解決方法，如

20. Crowley, *Book of the Goetia*.

果處在召喚三角的靈體不情不願的話，還有用於勸誘、威脅或恐嚇它們的嚴厲詛咒。然而，我認為這些喃喃自語的催眠講話並不是真的用來愚弄、欺騙那進入召喚三角的靈體，其設計反倒是用來欺騙魔法師，使他自信滿滿地認為自己具有十足的權威、力量與能力來做這件事！我在那天下午的召喚儀式雖然非常、非常簡短，但是在過程中所發出的聲音非常響亮。

「撕辣戈－虛辣戈！來吧！」

聽到自己說話的聲音，我只覺得有種被驚醒的奇怪感受。這就好像我在命令宇宙裡面所有的狗「坐下！」而牠們只能照做那樣。那聲音必定相當大聲，因為有隻鳥原本停在我辦公室的窗戶外面一直在忙自己的事情，結果牠嚇到飛走了。就在那一瞬間，翅膀飛撲的聲音將某個巨型挪威鵲鳥（Norwegian magpie）的形象召至敝人心智之眼裡面的召喚三角當中。

當時的我驚訝到差點分心。我在去挪威與英國的時候常常看到這些令人驚嘆的鳥兒，牠們比烏鴉或渡鴉更加大膽，也更會惡作劇，而其偷竊及吃食其他鳥類的蛋與幼雛之習性，使歐洲許多文化對牠有著迷信的敬畏。在英國，如果只有一隻鵲鳥出現的話，就是大邪大惡將要出現的惡兆，唯有帶著敬意向那隻鵲鳥致敬才能夠抵銷那股邪惡。

它吱吱喳喳地說：「我來了。」

我的回答則是：「我向你致敬。」

很難描述這種跟惡魔的交談過程，因為靈體傳來的回答也會以提問時所搭乘的同樣腦波進入魔法師的心智。那隻鳥側歪著頭，並迅速躬身一下表示接受。我拿起那塊銅片，向那靈體顯示它的印記：

「你有看到這個嗎？」

「我有看到。」

「這是甚麼？」

它冷淡地回答：「這是我的記號。」我把銅片翻轉過來，向撕辣戈－虛辣戈顯示所羅門五芒星。

「你有看到這個嗎？」

「我有看到。」

「這是甚麼？」

「是束縛我的記號。」

我拿起上面黏著所羅門六芒星圖像的陪審員夾式證章。

「你有看到這個嗎？」

「我有看到。」

「這是甚麼？」

它挖苦地回應：「是束縛你的記號！」

我對這些回應感到滿意，於是準備把整個操作「凍結」在這階段。

「你會繼續停留在召喚三角裡面。我會很快再來見你。你了解嗎？」

「我了解。」

「發誓！」

於是它清清嗓子，完全就像鳴鳥那樣，然後說：「我發誓，我會留在召喚三角裡面。」

於是我不再繼續進行對話或儀式，而是從魔法圈中站起來，拿下我的猶太小圓帽、主教聖帶並脫掉衣袍，然後小心翼翼地將周圍的魔法圈絲線收集過來、緊緊圈在我的裸露肉體上並繫緊固定住——只有到完成驅魔之後，我才會拿下那條掛在頸上的銅片項鍊並離開魔法圈。

第四部分　與瑪莎修女的面談

通往天堂的門與通往地獄的門彼此相鄰，而且外觀一模一樣。

——尼可斯・卡贊扎基斯（Nikos Kazantzakis）

《基督的最後誘惑》（The Last Temptation of Christ）

我迅速著衣（用乾淨的白襯衫與黑領帶遮掩絲線魔法圈以及銅片）、在自己的魔法日誌潦草寫下幾個要點（包括一篇匆忙湊成的「誓言」），然後把日誌跟外出驅魔時的一些必要東西一起丟進公事包裡面。那些東西是：

- 我的杏木杖（用它的紅色絲袋完全包住）。
- 我的猶太圓頂小帽。
- 我的主教聖帶。
- 一瓶亞伯拉梅林之油（參閱第六章）。
- 一疊黃色便利貼，上面繪有一個將撕辣戈－虛辣戈的印記永遠圍在裡面的三角形。

◆ 一瓶「聖水」(參閱第六章)。

◆ 兩根未使用的獻願蠟燭與一個玻璃燭台。

◆ 兩副打火機。

◆ 六根新鮮的迷迭香枝條(是從我們家後院藥草花園摘的)。

◆ 一個中型深平底鍋的蓋子。

馬克過來接我,於是「杜奎特兄弟驅魔團」的下一場巡迴表演場地就是七苦聖母中學。當時才剛入夜,學校已經關上大門,所以我們開到那高聳的西班牙式鍛鐵大門前面停車。馬可按下對講機的按鈕,對著黑色盒子傳出的人聲告知我們已到門口。然後,就像哥德式恐怖電影的標準套路那樣,我們在鐵門開啟的呻吟聲中驅車進入校園。

瑪莎修女站在大樓的側門,為我們指示停車的地方。就四十幾歲的女性而言,瑪莎修女的體型算是相當瘦小,穿著黑裙、白襯衫,再披上一件簡樸的灰色西服。我對於她沒穿上整套中世紀的修女服裝感到失望,不過如果要我從一間滿是女人的房間指出誰是修女的話,我一定會選她。

在介紹之後,瑪莎修女就帶著我們在大樓裡面一邊進行簡短的導覽,一邊指出一些

「超自然」現象的發生地點。我們還在年輕的凱瑟琳修女猝死的教室停留幾分鐘，而導覽的終點則是教職員休息室以及行政職員辦公室。

休息室看來沒什麼問題，然而我馬上對行政職員辦公室的擺設方式感到非常不舒服，那裡幾乎重現早期德國表現主義的電影裡面惡夢般的布景設計。那是由不方不正的小隔間形成混亂且不對稱的迷宮，完全沒有方正的轉角，視線多有阻礙，而這當中唯一的封閉隔間是副校長辦公室，它那朝向行政職員辦公室的大片窗戶完整映出這整片混亂。

我根本不是風水專家，但我不禁認為這整個空間必定會對任何能量的流動造成嚴重的阻礙——如果我有看風水的話，應該會說這是「氣」的嚴重便祕啦！

這整個場景若沒有如此過度的幽閉恐懼及窒息感受，其實應該挺有喜劇效果。它對外只有連向走廊的一扇門，我光是站在那裡就覺得吸不到空氣，想要盡快逃離那裡，但瑪莎修女仍停在那裡，講述那些悲劇與不幸事件的細節，而受害者都是每天在那個歪歪扭扭、不方不正的小小隔間地獄當中努力工作餬口的可憐靈魂。

事實上，她還把各個受害者的資料（包括名字、年齡、照片、職稱及其特定惡疾、不幸遭遇、意外或悲劇的細節）分別彙整成頁，夾在各個受害者所屬的辦公室或隔間外面的收件箱，範例如下：

某某某－34歲－會計－（照片）
在乳房手術後復原期間手臂骨折。
這個辦公室之前是屬於某某某，而
她跟嬰孩在車輛失火中喪生。

能夠做到這樣的程度，我跟馬可都相當佩服。

在把整件事情交給我們處理之前，我們在她的辦公室坐下來聊了一會。她跟我們說自己整個下午都忙著安排學校為凱瑟琳修女舉辦的追思活動，而她看起來相當生氣，也相當疲憊。修女還說我們到清晨六點之前、也就是人們開始來學校上班上課之前，都可以自由出入整棟大樓。而整個晚上還會有另一個人待在這棟大樓裡面，那就是資訊員賴瑞，他會在晚上進行電腦業務。

修女打電話到賴瑞的工作地方，請他來辦公室一趟。當他現身時，瑪莎修女為馬克跟我介紹他，並跟他說我們會在晚上待幾個小時進行她指示的工作，並附帶提到她有同意我們能進入整棟大樓的任何地方，還跟他說不要干擾我們。

賴瑞是個大約四十幾歲的瘦削男子，穿著牛仔褲與深灰色的短袖圓領運動衫。他看起來有點緊張，而我很清楚看到他是用懷疑的眼神打量我們。

賴瑞緊張地問：「那是什麼樣的工作呢？」

在馬可和我回應之前，瑪莎修女直接把話接過去：「賴瑞，那工作跟你的電腦完全沒有關係。他們也不會去干擾你的。」

賴瑞看起來對瑪莎修女的回答不滿意，他望向我與馬克，看似希望想要我們提供更多的資訊。在得不到更進一步的說明之後，他結結巴巴地說：「好吧，我整個晚上都在備份系統，所以如果他們想要看的話……」

瑪莎接著回答：「賴瑞，他們不會用我們的電腦啦。」她的聲音已經透出一點點不耐煩的感覺。

我很快確定自己並不喜歡賴瑞。當他離開時，瑪莎修女告訴我們如何將整棟大樓上鎖，還有打開大門的安全密碼，然後再次感謝我們過來，拿出一張支票給我們（就此種非實質的服務而言，我們認為那金額算是滿慷慨的呢），並請我們放手去做。然而在她打開手提包找車鑰匙時，她的手機響了。她從手提包拿手機，將它掀開之後回話。

「是我，親愛的。你還好嗎？」看起來她認識對方。

然後在一陣漫長的靜默之後，瑪莎修女坐下來嘆氣地說：「噢～親愛的，那是什麼時候發生的？現在你身邊有其他人嗎？」在安靜聆聽幾分鐘之後，她說：「親愛的，我們都會為你禱告。盡量讓自己休息一下。我們明天見。」

她闔上手機，無神地望著我跟馬克。

「那是凱瑟琳修女的母親。她的丈夫、也就是凱瑟琳的父親，對她的去世感到非常震驚，而他在大約一個半小時之前突然整個人垮掉，然後就走了。」

有很長的時間，瑪莎修女看似想再多說一些事情。但她最後沒這麼做，而是拿起她的手提包與鑰匙……

「我就讓你們現在開始進行吧。」

第五部分　驅魔

這真是非常適合驅魔的日子啊！

——芮根（Regan），摘自電影《大法師》

在瑪莎修女離開之後，我與馬克都懷著十分嚴肅的心情。馬克說他會像前次那樣有系統地走遍整棟大樓，做完之後會在教職員休息室等我。我跟他說自己或多或少應會跟在他後面進行，於是我們就在走廊商量幾分鐘，確定我們各自在學校裡面的行進路線。

由於教職員休息室會是我們的大本營及最終會面地點，所以我們都同意從那裡開始進行。我先等在外面的走廊，讓馬克在休息室做他的事情。他做完之後就依照他的路線離開，我則進入休息室，為後續的魔法馬拉松準備好自己。

我坐在那房間中最舒適的椅子上，將自己的公事包放在腿上，然後閉上眼睛、做幾個深呼吸，反覆唸誦自己的迦尼薩驅逐／祈請真言並觀想之。然後我不情不願地從椅子那裡站起來，稍微鬆開領帶、解開襯衫領口，把上有所羅門五芒星及撕辣戈－虛辣戈印記的銅片從裡面拎出來。我調整銅片的位置，讓它服貼地掛在領帶外面，然後再度把襯衫領口扣好、把領帶結推回到貼著喉嚨的位置。基於某些原因，對我而言，使自己看起來盡量「專業」的感覺至關重要。我打開公事包，再度於頭上抹一點亞伯拉梅林之油、戴上猶太小圓帽、將上有所羅門六芒星的陪審團證章夾在襯衫口袋上，然後披上我的主教聖帶。

然後我這時才注意到佈告欄附近牆上懸著一個真人大小、令人驚駭的十字架釘刑像。我之前怎麼沒有注意到呢？我靠過去看個仔細，但令人驚訝的是，我原本對於教會及一般基督信仰的陰鬱懷疑在那瞬間完全消散，因為我在那可怕的形象中看到大G。我凝望神的那雙表示無助的眼睛，並同時唸出下列總計三十三字（原文）的誓言。

> 這間學校以及在其內工作與學習的人們已經受到某靈體的折磨，吾，陶．拉梅德（Tau Lamed ），以吾視之為神聖的一切事物起誓，在將該靈體驅逐之前絕不離開這棟大樓。

我點燃一小根獻願蠟燭，關掉室內其他照明，然後從杖袋中取出魔杖，並依下列步驟為這個房間進行驅逐、淨化、聖化與封印：

◆我拿著魔杖，執行五芒星驅逐小儀（the Lesser Banishing Ritual of the Pentagram）。

◆我拿著魔杖，執行六芒星驅逐小儀（the Lesser Banishing Ritual of the Hexagram）。

◆我在房間的四個角落灑聖水以進行淨化，並出聲宣告：「這房間已被水淨化。」

◆我拿起獻願蠟燭走到房間的四個角落以進行聖化，亦即拿著蠟燭在各個角落的空中「虛畫」一個等臂十字，並出聲宣告：「這房間已被火聖化。」

◆我用鍋蓋捧起點燃的獻願蠟燭與迷迭香枝條，用枝條就著燭火燃燒產生的煙去薰房間的四個角落（我也會把這個鍋蓋當成煙灰缸來用）。

◆回到房間的中央，我將右手食指貼在嘴唇並同時深吸一口氣。然後用力將氣吐出，一邊用手在我的前面、側邊與背後由上往下掃過，一邊喊著「Apo pantos kakodaimonos!」（這是「邪惡離開（我前面、我旁邊或我後面）！」的希臘語。）

◆在離開這塊已進行驅逐、淨化與聖化的區域時，我將這房間封印起來，亦即用指尖沾著亞伯拉梅林之油在門內「畫」一個五芒星，並在門外畫上三個T型十

---

21. 陶・拉梅德（Tau Lamed 或 T. LMD）是我的教名。而希伯來字母 Lamed（ל）的拼音是Lamed、Mem、Daleth（למד），也就是LMD——恰巧就是我的姓名縮寫。

字（Tau Cross，T）（分別畫在門框的左邊、右邊與上邊）。[22]而我一邊畫著T型十字，一邊悄聲說「In nomine Babalon Amen. Restriction unto Choronzon![23]」

接下來的兩個半小時，我在這大樓裡面依序到每個可以進去的房間、每條走廊重複這七個步驟。在這淨化過程中，倒數第二個完成的區域是瑪莎修女的辦公室以及隔鄰的化妝室。我記得那時的想法是，她一定是實實在在的善人，因為在那紛擾不安的宇宙中，她的辦公室就像是讓人心思清明的平靜綠洲。我真想在那裡多停留一會，但時候已晚，而且我知道現在還沒到最難熬的部分。

我用三個帶有丁香味道的T型十字架為瑪莎的辦公室進行封印，然後橫過走廊、下樓走到行政職員辦公室的風水地獄。跟幾個小時之前相比，這個地方看起來又變得更加恐怖。我到每個小隔間進行完整的七步驟儀式，還會停一下來閱讀每份彙編資料，然而僅靠燭光在那由辦公桌與椅子構成的迷宮當中走動，其實相當困難（而且有點危險）。而在經過一個多小時的迷迭香煙薰之後，那個密閉空間裡面的煙霧已經厚重到讓我擔心會觸動煙霧警報系統的程度，但幸好沒有發生這狀況。

我最後來到副校長的半開放私人辦公室。我會在這裡繼續進行敝人於好幾個小時之前在家裡「凍結」的召喚操作。就像我想到的那位老工友賈克博先生，我已經把整棟大樓裡面的髒汙掃成明顯可見的一堆東西。

我是基於幾個理由而選擇那地方來做最後的攤牌。首先，它的空間足夠讓我進行魔法操作。其次則是這空間周圍的牆壁，包括那片鑲有望向行政職員辦公室的大窗戶之牆壁，都與天花板及地板相連。它看起來像是整個問題的神經中樞，也是用來困住惡魔的完美地點。而最後的理由則是，我承認自己係出於個人的任性趣味而選擇這地方，因為敝人還記得自己在桀驁不馴的就學時期，曾有幾次於副校長辦公室面對幾個相當討人厭的惡魔。

讀者若是經驗豐富的魔法師，應該不難想像我的心智在進行數小時的驅逐等儀式之後的狀態。即使像這樣的簡單儀式，都會喚出相當多的能量，所以專注力需要強烈到足以維持那些觀想才行。當時的我，肉體層面已經相當疲憊，但是心靈層面則充滿

---

22. 此舉是模仿神話時代的以色列人民在埃及為避免死亡天使上門而在門框上撒羔羊血的動作。（譯註：參見《舊約聖經》〈出埃及記〉第11、12章。）

23. 我認為這是我所屬宗教的魔法師能夠說出最為強力的保護咒語。（譯註：作者並未用英語解釋本句。故試譯如下——「奉女神巴巴隆（Babalon）之名，大惡魔庫隆融（Choronzon）不得逾越，阿們。」）

能量，如此高層次的靈性狂喜在敝人的魔法師職涯當中也只出現過幾次而已。等到我抵達副校長的辦公室時，物質界與魔法界之間的界線基本上已經消失，幻覺一詞已不足以描述這狀態。在經過那幾個小時之後，敝人的五芒星與六芒星明顯懸掛在我的周圍，而每當我喊出「Apo pantos kakodaimonos!」的時候，每個靈體不分善惡都會趕忙跑去這棟大樓裡面還沒被這個目光透出瘋狂的魔法師清理與封印的地方。此時，所有的髒汙都集中在這裡，因為它們可以躲避的地方只剩這裡——而這房間的空氣充斥著整棟大樓的魔物臭味。

我將繪有召喚三角與撕辣戈－虛辣戈印記的黃色便利貼用力拍在副校長辦公桌的桌墊上，再後退數英呎，確認自己仍然戴著猶太圓頂小帽、佩掛著陪審團證章以及那塊上有所羅門五芒星與該惡魔印記的銅片。最後，我隔著襯衫輕拍自己，確定魔法圈仍然把我綁住以維護安全。一切就緒之後，我拿起魔杖指向召喚三角，就像之前那樣下令：「撕辣戈－虛辣戈！來吧！」

撕辣戈－虛辣戈立刻現身，以一隻優美的大型挪威鸚鳥的形象舒適停歇在黃色便利貼上面，如此安靜、如此平靜，就好像我們之前的會面到現在才只過了幾分鐘而已。

我對於這一切看似再正常不過的景象，真是感到驚嘆，甚至幾乎因為看到如此奇異且危險的它來天主教學校——這個充滿恐嚇、毫無生氣的「地獄」——陪伴自己而感到快樂。

而我就像個傻瓜那樣開啟對話。

「你為何要折磨這些人呢？」

「騎士若被吊掛在樹上，烏鴉去啄他的眼珠子算是邪惡嗎？」

現在，當我在書寫這些文字的時候，它們的戲劇效果顯得相當老套陳腐，就像是從某個惡魔幸運餅乾抽到的籤詩。然而在那時候，它們聽起來絕對不是陳腐老套的說詞。事實上，撕辣戈—虛辣戈的反應讓我不禁屏住氣息，因為就我那已經燒到發燙的腦袋來看，這樣的影射有著確定無誤的方向，亦即這個惡魔是在描述那些運氣不佳、無法找到聖杯（the Holy Grail）的圓桌騎士（Knights of the Round Table）之下場，任務失敗的他們被懸吊在樹上，就像掛在樹上的水果，而烏鴉會去啄出他們的眼睛。

我當時沒有回答——至少當時沒有要回答的意思。我站在那裡，暗自詛咒自己的狹隘靈性世界觀，因為我那自認很行的哲學被這悖論弄得動彈不得。真是如此！我有什麼資格認為自己了解、判斷七苦中學發生的種種悲劇所具有的對與錯呢？難道小惡小善都不是大G的至高意識之善的一部分嗎？我有深深探進這些人的靈魂深處嗎？我有衡量過他們複雜又無限的業——亦即他們繼承的命運——並看出宇宙的正義在某處出現嚴重的誤判，必得由隆．麥羅．杜奎特出手才能撥亂反正嗎？我是否認為自己是身著閃亮盔甲、沿著高速公路策馬奔馳前去搭救美麗修女與孩童的騎士呢？我個人的視野清晰程度，有高到能憑著小我自行認定的免責心態，去篡改數百位素昧平生之人的生死動力嗎？真是如此！騎士若被吊掛在樹上，烏鴉去啄他的眼珠子算是邪惡嗎？

我為何會在這裡？我做這件事情的真正動機是什麼？我為何會站在這裡，拿著我的杏木杖、聖水與魔法道具，戴著紫色猶太小圓帽，還披著自己的主教聖帶？是因為看起來很酷？是因為這一切可以讓我在魔法日誌歌功頌德？還是說我有一天可以為這件事寫出一本書！

在我那已經疲憊的頭腦裡面，這些想法引發一連串更加削弱自己的懷疑與自責——而那隻處在召喚三角裡面的鳥則在這過程中安靜凝視著我，同時變得更加高貴不凡。就在那時，我了解到對方其實沒有保持靜默，那些控訴、指責的聲音並不是我的內在獨白，而是那個惡魔的話語。那隻可惡的雉鳥利用那些想法、概念與影像來折磨我。

我得承認撕辣戈—虛辣戈的確有本事，它用出常見的惡魔手法，卻使我摔得好重。

在了解到底發生什麼事的時候，我的專注力已被嚴重破壞，撕辣戈—虛辣戈開始拍著翅膀昇至空中，於是我將魔杖像在抽鞭打響那樣朝召喚三角揮動。

「下來！你這個賤東西！」

我將所有意志透進那隻伸出去的手臂，並從魔杖發射出去，竭盡所能把那隻大鳥拉下來，回到召喚三角裡面。而當它的鳥爪碰觸召喚三角的那一瞬間，我聽到走廊外面有動靜，而右眼餘光瞄到那扇連往職員區域的門突然整個打開。

「喔！抱歉！」在闖進充滿煙霧與燭光的房間，看見某個滿臉通紅、頭戴猶太小圓帽、披掛主教聖帶，還拿根木杖指著黃色便利貼的魔法師之後，資訊員賴瑞只有說出這幾個字。

我一動也不動，連目光都沒有離開召喚三角，只用那股召喚撕辣戈—虛辣戈的奇異聲音，咬牙切齒地跟可憐的賴瑞喊話：「賴瑞，你得離開！」

賴瑞走了。

事情就是這樣。根本不用再跟撕辣戈—虛辣戈多說什麼。我並不在乎自己做這件事情的理由。我並不在乎自己是否因為小我、不安全感、業力、使命或他媽的靈性追尋才會來到這裡。去他的動機！去他的善與惡！我在這個地方進行自己要做的事情，是因為宇宙已經做好安排而把我放在這裡——這樣就夠了！我的生命將我推到這個地方，因此我就是完成這項工作，不然我不會離開這裡。我不會嘗試救贖這個靈體，也不會閒閒沒事去勸誘、折磨、斥退、放逐它，更不會試圖去將這怪物修正成「光之天使」。我的狂怒，裡面滿是從我的心、我的手臂爆出來的盛怒，像死光雷射那樣透過我的魔杖噴發出去。

我再也無法容忍它的存在，連多一秒都不行。於是我從自己記得的一堆所羅門詛咒當中，依著殘虐的快意唸出最壞的詛咒：

Christeos cormfa peripsol amma ils!（吾應允天堂的軍團詛咒汝！）

Christeos ror, graa, tofglo aoiveae amma ils!（吾應允太陽、月亮與眾星詛咒汝！）

Christeos luciftia od tofglo pir peripsol amma ils, pujo ialprg ds apila, od pujo mir adphaht!（吾應允那道光明及天堂的所有神聖存在詛咒汝，使汝承受永遠燃燒的熾烈火焰與無法形容的折磨苦痛！）[24]

撕辣戈—虛辣戈不發一聲地消融於無形，而我的手臂與魔杖仍然指向那張已經沒有靈體的辦公桌，就好像整個身體被固定在石頭上那樣。我並沒有勝利的感覺，甚至連放心的感覺也沒有。我只感覺自己很丟臉，居然讓那靈體有機會來玩弄我，還有居然在召出靈體時沒有立刻消滅。

我花了一些時間整頓自己，然後進行總共七個部分的驅逐程序，並將副校長的辦公室封印。我拿起那張上面繪有召喚三角（裡面有那個已經逝去的靈體印記）的黃色便利貼，走到瑪莎修女的化妝室把它燒掉，並用馬桶把灰燼沖下去。我將自己的裝備收回公事包，回去教職員休息室與馬克會合，而他已經在那裡等我了。

24. *The Goetia—The Lesser Key of Solomon the King—Clavicula Salomonis Regis*. 本書係由麥克葛瑞格・馬瑟斯翻譯，並由阿列斯特・克勞利編輯與撰寫引介。本書第二版附有插畫，Hymenaeus Beta 為其作序（York Beach, ME: Samuel Weiser, 1996）。第118頁。

第六部分　事後檢視

人並不需要相信某個超自然的邪惡源頭才能行使各種邪事，
光是他本身就有足以行使邪事的能力。

——約瑟夫．康拉德（Joseph Conrad）

馬克跟我就在教職員休息室，一邊喝下幾瓶水、一邊簡要分享各自的遭遇。我們兩個對於許多細節都省略不提，但我確實提到賴瑞在召喚儀式的緊要片刻闖了進來。我們尷尬地笑了一陣子，然後同時靜默下來，因為我們想到這棟大樓裡面我跟他都沒處理到的唯一地方，就是賴瑞的辦公室。此時，賴瑞開門探頭進來。

「賴瑞，如果有我們有打擾到你，真是抱歉哪。」我說這句話頗有諷刺的意思。

「我只是想要確定你們都沒問題。你剛才在做什麼？」賴瑞看起來明顯焦慮不安，馬克出聲回答他。

「我們只是在幫瑪莎修女做事情。至於細節，你得要自己問她。」

「那個……如果跟我們的電腦有關的話，我今晚正在做備份，會花上一些時間。」

我跟他說：「這跟你們的電腦沒有關係，而且我們今晚的工作已經做完了。」賴瑞沒有回應，只是繼續逗留在門口一陣子，看似不確定該要做什麼事或說什麼話。

不過馬克跟我確實已經完成那晚的工作，我們都很累了。那時的我只想回家、好好沐浴一番，然後睡一整天——而我大概就是那樣做的。我在午後醒來，於是就著漫射進來的晝光，在腦海中重複播放前一晚的種種事件。

我基本上對這次驅魔儀式感到滿意，相當確定自己已盡一己之能進行所有的魔法操作。然而，我很確定的是，如果這間學校真的要達到心靈層面的健康，瑪莎修女將得處理一些非常嚴重的問題，而其中最明顯、也容易改正者，就是行政職員辦公室的擺設。如果我沒有使用最為強烈的字眼、建議瑪莎修女立刻聘請商業風水顧問為那地方重新安排的話，身為驅魔師的我就是徹底失職。

而我在意的第二件事則很難直接處理，因為那是基於一些非常個人與主觀的印象。在跟瑪莎修女建議此事的時候，我得要非常謹慎——當然，我要講的就是賴瑞的事情。

請別誤會我的意思。我再怎麼魔法幻想也不會懷疑賴瑞是某種惡魔僕役——就像德古拉（Dracula）的僕人雷菲爾德（Renfield）那樣，只是這裡的德古拉換成撕辣戈－虛辣戈。我也沒有理由認為他除了是個人畜無害、每晚盡力完成份內工作以賺取生活費用的資訊迷之外，還會有其他身分。然而他的不安全感、焦慮行為，以及易於違背瑪莎修女的指示之傾向，讓我至少會去懷疑他的個人誠信與情緒穩定性。我並不是心理健康的專家，而且這些是十分主觀的個人印象，然而賴瑞的表現與神態讓我有著「這個人的精神相當不安定」的明確印象，而精神相當不安定的人會是魔法與心靈能量的良好導體、電容器、蓄電池與「擴大器」。

你也許會想要問：「究竟是這棟邪惡的學校大樓把賴瑞逼瘋，還是瘋掉的賴瑞使這棟學校大樓變得邪惡呢？」這問題其實無關緊要。就像凱瑟琳修女或斷指的維修員工那樣，賴瑞同樣也是受害者。然而，身為魔法師的我無法忽視那明顯的徵兆，亦即在我用名字召喚撕辣戈－虛辣戈的期間，資訊員賴瑞就闖進正在施術的房間。賴瑞就像是一個處在巨型「撕辣戈－虛辣戈」噩夢機械裡面、卻又對此毫不知情的齒輪。因此我非常相信，為了這間學校的好處，也為了賴瑞個人的好處，應該要把他從那個環境移出去。

我打電話給馬克，一起商量出我們的結論。然後馬克致電瑪莎修女，跟她說職員辦公室需要風水專家來重新擺設。由於瑪莎修女也傾向接受新時代思想的概念，所以對於此事非常贊同，還說她會馬上處理。

馬克接著提到我們兩個對賴瑞都非常在意，因為他有兩次干擾我們，並讓我們感到不舒服。而瑪莎修女也透露她自己也對賴瑞晚上在那裡工作感到不舒服，並稱他還有一些人格特質跟「習慣」方面的問題，只是她不想講這部分。然後她說，她大概會盡快讓他離開學校。

我真希望這故事要有更加生動、更加戲劇化的結局，但事實上結局並非如此，而敝人認為這樣也許才是好事。在幾個月之後，馬可向他的靈氣老師詢問他的親姐妹與七苦中學的近況。而他跟馬克說，就他所知一切都還不錯。若以這次事件而言，我衷心希望沒有消息就是好消息。

跋

這一切都在你的頭裡面……你只是對自己的頭有多大沒有概念

……現在來吧，請為我的歌賜予我舒適的人生。並再次容我祈求能夠為妳唱首歌吧。

——荷馬（Homer），獻給女神狄蜜特的讚歌（Hymn to Demeter）

寫到這裡，已是二〇〇九年聖誕節的清晨，算是將書完成的恰好時機。在這次轉世，我已見識過六十二次聖誕節清晨，雖然它們應該都值得供奉在我的記憶裡面，但不幸的是，它們大多已被遺忘或被較新、較戲劇性的記憶給埋在底下。無論是否忘記，聖誕節對我來說總是非常具有魔力，我猜許多人也有同樣的感受。即使已經拒絕基督信仰很久，我還是緊記著聖誕節的神聖。對我來說，它的慶祝對象並不是嚴肅易怒的父神，也不是慈愛滋養的母神，而是戴著王冠、征服一切的孩童之神。我得承認，即使已到現在的年紀，我仍然覺得自己像個小孩。當神是孩童的時候，應該會有好事出現吧。

所以，就像不曉得該從哪個新玩具開始玩起的小孩，我在聖誕節的清晨總是特別靜不下來，急切地想用這能量創造出某些東西。大約在三十年前的聖誕節清晨，我起個大早，將一整袋燒剩的蠟燭融化並倒進圓形聖誕節餅乾錫盒裡面。我一邊吃著餅乾，一邊等待蠟液在冰箱裡面冷卻下來。然後我將那塊厚實的蠟盤從錫盒推擠出來，開始著手雕刻約翰·迪伊博士著名的真實之印（Sigillium Dei Aemeth）的繁複圖樣。康斯坦絲要我改去寒冷的後院門廊做這個會掉滿地蠟屑的勞作，但我毫不在意。這是個聖誕禮物，我要將它送給我的孩童自我，而它到後來真的是一件非常棒的禮物。我馬上把它用來接觸天使，而它在我那大約三十年（非常怪異的三十年）的以諾魔法操作當中一直是最重要的部分。它就像魔毯那樣帶著我環遊世界，也讓我有靈感生出兩本書與無數的課程、演講與工作坊。更重要的是，它幫助我旅行到其他世界、其他次元——也就是天堂。

就像本章標題所寫的那樣，我可否誠實地說這些魔法、這些經驗都僅是發生在「我的頭裡面」嗎？

可以喔，而且我就是這個意思——「這一切都在你的頭裡面。」然而，請不要忘記我那驚世駭俗的宣言還有後半句：「你只是對自己的頭有多大沒有概念！」我在以前就有觀察到，心智與意識會超越腦的限制、超越時間與空間的限制，所以我的頭就有那麼大！沒有什麼事物能在它外面發生，因為它沒有外面（there is no outside of it）。

當我閉上眼睛時，太陽、月亮、眾行星與諸星辰在哪裡呢？乙太、眾輝耀，以及眾神、大天使們、天使們、精靈們、智性們與惡魔們的階層體系，又在哪裡呢？它們都在我的頭裡面——那就是它們的住處。我在自己的頭裡面認為它們是真實的，而它們也住在那裡。因此當我眼睛睜開時，我仍然處在自己的頭裡面，依然會認為它們是真實的。

那麼我是否在暗示，你的一切魔法、你的一切經驗、你的整個宇宙僅是在你的頭裡面不斷發生呢？

我真的很想說：「是的！」

然而我得十分坦白地跟你說，我不確定——因為雖然我非常確定自己是存在的，但我永遠無法絕對確定你是否存在。

附錄一

吾兄對於父親的憶念

我的人生總是充滿魔法事件與人物。我在第四章有講到我老爸對哥哥馬克及我自己有著奇特的神祕影響，並在第十三章提到哥哥的心靈能力與療癒能力。而這篇附錄係為那些想對這兩個主題深入了解的讀者們所準備的，是我哥自傳裡面的一章。這則短篇故事發生在我二歲的時候，相信它能讓我們見識到我生命中珍貴的兩位魔法存在之性格並深受感動。

很久很久以前

摘自《橘色陽光：我如何差點死在美國的文化革命裡面》[1]

老爸並不是信教的人。母親則指責他是無神論者。她有次用陰謀論的語調悄聲對我說，老爸的聖經就是達爾文的《物種起源》(Origin of Species)。因此我自然想成為無神論者，還有閱讀查爾斯．達爾文(Charles Darwin)的著作，一心想成為跟老爸完全一樣的人。所以當他要求我做某件事時，我感到非常訝異。

那時我剛從學校回到家裡，正在廚房找點心吃，而老爸準備出門工作。他停下走往大門的步伐，並蹲下來與我四目相對，他身上有著香菸的味道，神情非常嚴肅。

「兒子啊，那個住在我們家後面的小男生病得很嚴重。他的媽媽在關車門的時候不小心夾到他的手。醫生本來有把傷口包紮好，但是他又做出不利恢復的事情——就是他在後院玩，結果泥土跟狗的便便掉進繃帶裡面，使得傷口受到感染。他現在又躺在醫院了，醫生說他大概撐不過去。他得了破傷風(lockjaw)。兒子，可不可以請你為他禱告呢？神總是傾聽著你喔。」

老爸站起身子，沉默地拿著他的黑色金屬飯盒走出家門，前往他在油井的工作地方。我當時只有八歲，完全不懂我爸為何認為「神總是傾聽著我」，也不知道什麼是破傷風。於是我想像有個小男孩躺在醫院的病床上，他的下巴(jaw)被扣上一副巨大的鎖頭（lock）。然後我安靜地祈禱：「神啊，如果你願意的話，請讓那位住在附近的小男孩活下去。阿們。」我雖然不認識那個男孩，但也認為自己的祈禱很愚蠢且不誠懇。

幾天之後，我無意中聽到母親跟另一位鄰居在談那個小男孩。她們說那個小孩完全康復，應該很快就回來了。老爸後來就沒再提及他的禱告要求，所以我也絕口不說此事，直到現在才講出來。

---

1. Marc DuQuette, *Orange Sunshine: How I Almost Survived America's Cultural Revolution*, pp. 1-2.

附錄二

宗徒繼承（Apostolic Succession）

在本書第六章與第十三章，我有提到自己被按立為主教，所以我認為讓讀者在這部分多一點資訊會比較好。經過這些年來，我有接受數個代表各自不同教派的個體給予的按立傳承，其所涵蓋的宗徒繼承脈絡不少於三十條，包括：安提阿—雅格教派繼承（the Antiochian–Jacobite Succession）、羅馬—老派天主教繼承（the Roman-Old Catholic Succession）、亞美尼亞東儀天主教（Armenian Uniate）、敘利亞—加色丁禮（Syro–Chaldean）、聖公會—源自凱爾特人的傳承（Anglican, Celtic Origin）、美國默基特希臘禮（American Greek Melchite）、東正宗主教（君士坦丁堡）（Orthodox Patriarchate（Constantinople））、俄羅斯正教（Russian Orthodox）、蘇格蘭拒誓派主教（Non Juring

Bishops of Scotland）、敘利亞—瑪拉巴禮（Syrian–Malabar）、敘利亞—高盧禮（Syrian-Gallican）、科普特正教（Coptic）、科普特禮東儀天主教（Coptic Uniate）、聖公會—源自非凱爾特人的傳承（Anglican, Non–Celtic）、愛爾蘭教會（Irish）、威爾斯教會（Welsh）、瑪利亞維特教會（Mariavite）、老派默基特希臘禮（拜占庭禮）（Old Greek Melchite〔Byzantine〕）、老派亞美尼亞禮（Old Armenian）、全體重聚修道會（Corporate Reunion）、加色丁禮東儀天主教（Chaldean Uniate）、波蘭國立天主教會—阿爾巴尼亞（Polish National Catholic—Albanian）、自由派天主教（Liberal Catholic）、非洲正教會（African Orthodox Catholic Church）、荷蘭老派天主教（烏特勒支）（Dutch Old Catholic (Utrecht)）、高盧禮天主教（Gallican Catholic）、義大利國立天主教（Italian National Catholic）、文特拉斯—加爾默羅繼承（Vintrasian Carmelite）、拜占庭正教會（Byzantine Orthodox Catholic）、巴西國立天主教（Brazilian National Catholic）、海地獨立改革教會（Haitian Independent），以及老派正教會（Old Catholic Orthodox）。

舉例來說，這當中屬於「羅馬—老派天主教」的那條宗徒繼承脈絡，將它詳細鋪展的話就是以下的樣子：

⑴聖彼得（Saint Peter）成為羅馬主教，時值西元38年；聖彼得按立 ⑵ Linus，時值西元67年；其繼而按立 ⑶ Anacletus [Cletus]，時值西元七六年；其繼而按立 ⑷ Clement，時值西元八八年；其繼而按立 ⑸ Evaristus，時值西元九七年，然後依序下去（譯註：有括弧的數字是這條宗徒繼承脈絡的順序，末尾沒有括弧的數字則是西元年份。）Saint Peter became Bishop of Rome in 38 AD; Peter consecrated (2) Linus in 67 AD; who in turn consecrated (3) Ancletus [Cletus] in 76 who consecrated (4) Clement in 88 who consecrated (5) Evaristus in 97 then —(6) Alexander I, 105; (7) Sixtus I, 115; (8) Telesphorus, 125; (9) Hygimus, 136; (10) Pius I, 140; (11) Anicetus, 155; (12) Soter, 166; (13) Eleutherius, 175; (14) Victor I, 189; (15) Zephyrinus, 199; (16) Callistus I, 217; (17) Urban I, 222; (18) Pontian, 230; (19) Anterus, 235; (20) Fabian, 236; (21) Cornelius, 251; (22) Lucius I, 253; (23) Stephen I, 254; (24) Sixtus II, 257; (25) Dionysius, 259; (26) Felix I, 269; (27) Eutychian, 275; (28) Caius, 283; (29) Marcellinus, 296; (30) Marcellus I, 308; (31) Eucebius, 309; (32) Melchiades [Miltiades], 311; (33) Sylvester I, 314; (34) Marcus, 336; (35) Julius I, 337; (36) Liberius, 352; (37) Damasus I, 366; (38) Siricius, 384; (39) Anastasius I, 399; (40) Innocent I, 401; (41) Zosimus, 417; (42) Boniface I, 418; (43) Celestine I, 422; (44)

Sixtus III, 432; (45) Leo I, 440; (46) Hilary, 461; (47) Simplicius, 468; (48) Felix III, 483; (49) Gelasius I, 492; (50) Anastasius II, 496; (51) Symmachus, 498; (52) Hormisdus, 514; (53) John I, 523; (54) Felix IV, 526; (55) Boniface II, 530; (56) John II, 535; (57) Agapitus, 535; (58) Sylverius, 536; (59) Vigilus, 537; (60) Pelagius I, 556; (61) John III, 561; (62) Benedict I, 575; (63) Pelagius II, 579; (64) Gregory I, 590; (65) Sabinianus, 604; (66) Boniface III, 607; (67) Boniface IV, 608; (68) Deusdedit [Adeodatus I], 615; (69) Boniface V, 619; (70) Honorius, 625; (71) Severinus, 640; (72) John IV, 640; (73) Theodore I, 642; (74) Martin I, 649; (75) Eugene I, 654; (76) Vitalian, 657; (77) Adeodatus II, 672; (78) Donus, 676; (79) Agatho, 678; (80) Leo II, 682; (81) Benedict II, 684; (82) John V, 685; (83) Conon, 686; (84) Sergius I, 687; (85) John VI, 701; (86) John VII, 705; (87) Sisinnius, 708; (88) Constantine, 708; (89) Gregory II, 715 (90) Gregory III, 731; (91) Zachary, 741; (92) Stephen II, 752; (93) Paul I, 757; (94) Stephen III, 768; (95) Adrian I, 772; (96) Leo III, 795; (97) Stephan IV, 816; (98) Paschal I, 817; (99) Eugene II, 824; (100) Valentine, 827; (101) Gregory IV, 827; (102) Sergius II, 844; (103) Leo IV, 847; (104) Benedict III, 855; (105) Nicholas I The Great, 858 (106) Adrian II, 867; (107) John VIII, 872; (108) Marinus I, 882; (109) Adrian III, 884; (110) Stephan V, 885;

(111) Formosus, 891; (112) Boniface VI; (113) Steven VI, 897; (114) Romanus, 897; (115) Theodore II, 897; (116) John IX, 898; (117) Benedict IV, 900; (118) Leo V, 903; (119) Sergius III, 904; (120) Anastasius III, 911; (121) Landus, 913; (122) John X, 914; (123) Leo VI, 938; (124) Stephan VII, 928; (125) John XI, 931; (126) Leo VII, 936; (127) Stephen VIII, 939; (128) Maginus II, 942; (129) Agapitus II, 946; (130) John XIII, 955; (131) Leo VII, 963; (132) Benedict V, 964; (133) John XIV, 965; (134) Benedict VI, 973; (135) Benedict VII, 974; (136) John XIV, 983, (137) John XV, 985; (138) Gregory V, 996; (139) Sylvester II, 999; (140) John XVII, 1003; (141) John XVIII, 1004; (142) Sergius IV, 1009; (143) Benedict VIII, 1012; (144) John XIX, 1024; (145) Benedict IX, 1032; (146) Sylvester III, 1045; (147) Benedict IX [Second time], 1045; (148) Gregory VI, 1045; (149) Clement II, 1046; (150) Benedict IX [Third time], 1047; (151) Damasus II, 1048; (152) Leo IX, 1049; (153) Victor II, 1055; (154) Stephan IX, 1057; (155) Nicholas II, 1059; (156) Alexander II, 1061; (157)

Gregory VII, 1073; (158) Victor III, 1087; (159) Urban II, 1088; (160) Paschal II, 1099; (161) Gelasius II, 1118; (162) Callistus II, 1119; (163) Honorius II, 1124; (164) Innocent II, 1130; (165) Celestine II, 1143; (166) Lucius II, 1144; (167) Eugene III, 1145; (168) Anastasius

IV, 1153; (169) Adrian IV, 1154; (170) Alexander III, 1159; (171) Lucius III, 1181; (172) Urban III, 1185; (173) Gregory VIII, 1187; (174) Clement III, 1187; (175) Celestine III, 1191; (176) Innocent III, 1198; (177) Honorius III, 1216; (178) Gregory IX, 1227; (179) Celestine IV, 1241; (180) Innocent IV, 1243; (181) Alexander IV, 1254; (182) Urban IV, 1261; (183) Clement IV, 1265; (184) Gregory X, 1271; (185) Innocent V, 1276; (186) Adrian V, 1276; (187) John XXI, 1276; (188) Nicholas III, 1277; (189) Martin IV, 1281; (190) Honorius IV, 1285; (191) Nicholas IV, 1288; (192) Celestine V, 1294; (193) Boniface VIII, 1294; (194) Benedict XI, 1303; (195) Clement V, 1305; (196) John XXII, 1316; (197) Benedict XII, 1334; (198) Clement VI, 1342; (199) Innocent VI, 1352; (200) Urban V, 1362; (201) Gregory XI, 1370; (202) Urban VI, 1378; (203) Boniface IX, 1389; (204) Innocent VII, 1389; (205) Gregory XII, 1406; (206) Martin V, 1417; (207) Eugene IV, 1431; (208) Nicholas V, 1447; (209) Callistus III, 1455; (210) Pius II, 1458; (211) Paul II, 1464; (212) Sixtus IV, 1471; (213) Innocent VIII, 1484; (214) Alexander VI, 1492; (215) Pius III, 1503; (216) Julius II, 1503; (217) Leo X, 1513; (218) Adrian VI, 1522; (219) Clement VII, 1523; (220) Paul III, 1534; (221) Julius III, 1550; (222) Marcellus II, 1555; (223) Paul IV, 1555; (224) Pius IV, 1559; (225) Pius V, 1566; (226)

Gregory XIII, 1572; (227) Sixtus V, 1585; (228) Urban VII, 1590; (229) Gregory XIV, 1590; (230) Innocent IX, 1591; (231)

Clement VIII, 1592; (232) Leo XI, 1605; (233) Paul V, 1605; (234) Gregory, XV 1621; (235) Urban VIII, 1623; (236) Innocent X, 1644; (237) Alexander VII, 1655; (238); Antonio Barberini, 1655; (239) Michael le Tellier, 1668; (240) Jaques Benigne de Bousseut, 1670; (241) James Coyon de Matignon, 1693; (242) Dominicus Marie Varlet, 1719; (243) Cornelius Van Steenhoven, 1724; (244) Johannes Van Stiphout, 1745; (245) Gaultherus Michael Van Niewenhuizen, 1786; (246) Adrian Brockman, 1778; (247) Johannes Jacobus Van Rhijin, 1797; (248) Gilbertus de Jong, 1805; (249) Wilibrordus Van Os, 1814; (250) Johannes Bon, 1819; (251) Johannes Van Santen, 1825; (252) Hermanus Heijkamp, 1854; (253) Casparus Johannes Rinkel, 1873; (254) Geradus Gul, 1892.

(255) Arnold Harris Matthew，按立於１９０８年（藉由哈倫主教 J. J. Van Thiel、代芬特爾主教 N. B. P. Spit 及德國波昂主教 J. Demmel 的協助，他接受烏特勒支大主教 Gul 的按立，擔任老派天主教的首位不列顛主教）。而這條宗徒繼承在美國繼續傳承下去‥(256) Fredrick Wiloughby, 1914‥(257) James I. Wedgewood, 1916‥(258) Irving S.

Cooper, 1919；(259) Charles Hampton, 1931 —— Hampton 是 (260) Herman A. Spruit 的主按立者，而後者繼而按立 (261) Lewis S. Keizer；其繼而按立 (262) Alberto LaCava，一九九五；其與 (263) Emanuele Coltro 於美國紐約州揚克斯交換按立，時值二〇〇〇年十一月十九日；後者於義大利維洛納繼而按立 (264) Phillip A. Garver，時值二〇〇一年二月十六日；其於美國俄亥俄州阿克倫按立 (265) 隆・麥羅・杜奎特，時值二〇〇一年三月十日。

——. *Tarot of Ceremonial Magick.* York Beach, ME: Weiser Books, Inc., 1995.

DuQuette, Lon, and Constance DuQuette. *Tarot of Ceremonial Magick: A Pictorial Synthesis of Three Great Pillars of Magick (Astrology, Enochian Magick, Goetia).* Originally published by U.S. Games Systems, Inc., 1994. Newest edition by Thelesis Aura, 2010.

DuQuette, Marc E. *Orange Sunshine—How I Almost Survived America's Cultural Revolution.* (Los Angeles CA: Marc DuQuette, 2008).

Lamsa, George M. (trans.). *The Holy Bible from Ancient Eastern* Manuscripts. Translated from Aramaic. Philadelphia, PA: A.J. Holman Company, 1967.

Lévi, Eliphas. Pseudonym of Alphonse Louis Constant. *Dogme et ritual de la haute magie* was first published in 1854. Published most recently as Transcendental Magic translated by A.E. Waite. York Beach, ME: Weiser Books, Inc., 2001.

Regardie, Israel. *The Complete Golden Dawn System of Magic.* Third revised limited edition. Reno, NV: New Falcon Publications, 2008.

Wihelm, Richard, and Cary Baynes, translators. *The I Ching or Book of Changes.* New York: Bollingen Foundation Inc., 1950. Third edition reprinted with corrections, Princeton University Press, 1969.

參考書目

Crowley, Aleister. *The Book of the Goetia of Solomon the King. Translated into the English Tongue by a Dead Hand and Adorned with Divers Other Matter Germane Delightful to the Wise, the Whole Edited, Verified, Introduced and Commented by Aleister Crowley*. Most recent edition with engraved illustrations of the spirits by M. L. Breton and foreword by Hymenaeus Beta (York Beach, ME: Samuel Weiser, 1996). Known as the *Lesser Key of Solomon*, it is the First Book of the Lemegeton (c. 1687). Translated by S. L. MacGregor Mathers (the "Dead Hand" referred to in the full title above). From the British Library Sloane Manuscripts nos. 2731 and 3648.

——. *Collected Works, Orpheus*. Vol. III. Homewood, IL: Yogi Publications, 1978.

——. *The Equinox I* (6). Fall 1911, ed. Soror Virakam, London. Reprinted York Beach, ME: Weiser Books, Inc., 1992.

——. *Liber Libræ Sub Figura XXX, The Book of the Balance, and Magick, Liber ABA, Book Four*. Second Revised Edition, ed. Hymenaeus Beta. York Beach, ME: Weiser Books, Inc., 1997. p. 668. *Liber Libræ* itself was taken from a Golden Dawn paper, "On the General Guidance and Purification of the Soul."

——. *The Qabalah of Aleister Crowley*. New York: Weiser Books, Inc., 1973. Retitled *777 and Other Qabalistic Writings of Aleister Crowley* in the fifth printing, 1977. Reprinted York Beach, ME: Weiser Books, Inc., 1990.

DuQuette, Lon Milo. *Accidental Christ: The Story of Jesus as Told by His Uncle*. Chicago: Thelesis Aura, 2006.

——. *Angels, Demons & Gods of the New Millennium*. York Beach, ME: Weiser Books, Inc., 1997.

——. *The Chicken Qabalah of Rabbi Lamed Ben Clifford*. York Beach, ME: Weiser Books, Inc., 2001.

——. *Enochian Vision Magick—An Introduction and Practical Guide to the Magick of Dr. John Dee and Edward Kelley*. York Beach, ME: Weiser Books, Inc., 2008.

——. *The Magick of Thelema*. York Beach, ME: Weiser Books, Inc., 1993.

——. *My Life with the Spirits: The Adventures of a Modern Magician*. York Beach ME: Weiser Books, Inc. 1999.

"Translated from"
LOW MAGICK:
It's All In Your Head ... You Just Have No Idea How Big Your Head Is
Copyright © 2010 Lon Milo Duquette
Published by Llewellyn Publications
Woodbury, MN 55125 USA
www.llewellyn.com
Chinese complex translation copyright © Maple Publishing Co., Ltd., 2022
Published by arrangement with Llewellyn Publications,
a division of Llewellyn Worldwide LTD.
through LEE's Literary Agency

小法故事多

出　　版／楓樹林出版事業有限公司
地　　址／新北市板橋區信義路163巷3號10樓
郵政劃撥／19907596　楓書坊文化出版社
網　　址／www.maplebook.com.tw
電　　話／02-2957-6096
傳　　真／02-2957-6435
作　　者／隆・麥羅・杜奎特
譯　　者／邱俊銘
企劃編輯／陳依萱
校　　對／黃薇霓
港澳經銷／泛華發行代理有限公司
定　　價／420元
出版日期／2022年6月

國家圖書館出版品預行編目資料

小法故事多 / 隆・麥羅・杜奎特作；邱俊銘翻譯. -- 初版. -- 新北市：楓樹林出版事業有限公司, 2022.06　面；　公分

ISBN 978-626-7108-41-3（平裝）

1. 杜奎特（DuQuette, Lon Milo, 1948-）
2. 回憶錄　3. 巫術

295　　111006248